Volver a Ser Feliz…

Venciendo la Depresión con el Cuerpo, la Mente y el Espíritu

por Patricia Gaviria

Moviendo Energías

© PATRICIA GAVIRIA

© MOVIENDO ENERGÍAS / MOVING ENERGIES

"Volver a Ser Feliz... Venciendo la Depresión con el Cuerpo, la Mente y el Espíritu"

ISBN: 978-958-44-9484-9
Segunda Edición Publicada por:
Moviendo Energías / Moving Energies - 2015
Boca Raton, Florida - Estados Unidos de América
moviendoenergias@outlook.com
Primera Edición Impresa 2011

Diseño Gráfico de Cubierta, Ilustraciones y Diagramación:
Patricia Gaviria

AGRADECIMIENTOS ESPECIALES:
- A la Fundación Urantia por toda su colaboración.

NOTAS AL LECTOR:
- El tema presentado en esta obra no posee un enfoque en el campo de la Medicina o Psicología, más bien es una experiencia personal y una conceptualización subjetiva. Cualquier condición que requiera tratamiento profesional o consumo de medicamentos, por parte del lector, no debe ser suspendida. La autora y editorial no se responsabilizan por ninguna acción que la persona realice después de haber leído el contenido de este texto.
- Este trabajo hace referencia a la traducción en español (2ª edición 1996) de El Libro de Urantia, publicado por La Fundación Urantia.
© Urantia Foundation - todos los derechos reservados –
    533 Diversey Parkway, Chicago, Illinois 60614, USA.
        +1 (773) 525-3319   www.urantia.org
    Las opiniones expresadas en este libro son exclusivas de la autora y no necesariamente representan las opiniones de la Fundación Urantia o sus afiliados.

Este libro está dedicado a aquellos que en medio de su desesperación, y en la infructuosa búsqueda por encontrar un camino de alivio, paz y esperanza... algún día dieron el infortunado paso de apagar sus propias vidas.

CONTENIDO

*Querido Lector…
*Introducción

Querido lector...

Si a veces miras alrededor y parece que nada tiene sentido. Tus emociones se perciben extrañas. La vida se presenta complicada, pues te encuentras sin energía o capacidad para enfrentar los tantos problemas que asechan diariamente. Y, en muchas ocasiones, las ganas de vivir se espantan.

Si a la pregunta ¿Cómo te sientes? respondes que tienes la sensación de haber caído, inesperadamente, a un estanque de aguas turbias, al cual fuiste arrojada(o) por circunstancias que no son muy claras para el entendimiento.

Por el peso de tu cuerpo, pareciera que te ubicas muy al fondo del agua, y el miedo de sentirte sin aire te incapacita para coordinar los movimientos corporales. Agitas tus brazos y piernas con todo el vigor. Y en vez de encontrar al menos una luz que te guíe el camino hacia la superficie donde puedas respirar, terminas completamente agotada(o) y sin esperanza.

En medio del descontrol, piensas que estás sola(o) en esta situación. Que, aunque deseas salir a flote, más bien terminaras ahogándote en las profundidades de un terreno que no conoces.

Pero es extraño. En algunas ocasiones, sin entender bien cómo, pareciera que tu rostro sale al espacio libre para dar una bocanada profunda; y, por cuestión de segundos, tus ojos vislumbran un mundo diferente.

Hay oxigeno, luz, brisa, sonidos y colores. El ambiente se siente familiar y cálido. Tus emociones se elevan, la angustia se disipa y el cuerpo ya no tiene que esforzarse por mantenerse vivo.

Es como si una gran fuerza te envolviera en sus brazos, y te sacara, por un rato, a disfrutar del escenario que se despliega arriba del turbulento y abismal torrente. Dándote la seguridad de que, éste, es el lugar a donde verdaderamente perteneces.

Y aunque de nuevo tu ser se debilita, permitiéndole a las corrientes traicioneras que te arrastren a la oscuridad, el silencio y una lenta asfixia que suspende la existencia; si conservas el anhelo que esa mano invisible y poderosa logrará sacarte a tierra firme para siempre, ten la seguridad de que así será algún día.

¡Es más... quizás... hoy... sea ese día!

Introducción

Hoy recuerdo la expresión de asombro marcada en la cara de mi esposo, al colgar el teléfono, y su mirada triste al transmitirme la noticia que había acabado de recibir: "Nuestro querido amigo, Felipe, se quitó la vida".

¿Cómo podía ser?

Hacía no menos de un año, otro "querido amigo" había tomado exactamente la misma decisión.

¿Cómo podía ser?

Si ambos eran jóvenes y saludables, económicamente acomodados, con unas familias hermosas y sus pequeños en plena etapa de crecimiento. Unas lindas personas.

Si hace tan poco tiempo estuvimos compartiendo con ellos, y todo parecía estar bien.

¿Cómo podía ser?

La respuesta en los dos casos fue la misma: "estaban deprimidos".

En ese instante, tomé la determinación que, de alguna manera, comenzaría a dar mi testimonio de vida. Me prometí contar mi historia. Narrar el proceso que me permitió tomar un destino diferente al de mis recordados compañeros. Presentar esa *voz interna* que me brindó la fuerza para mantenerme a flote en los momentos de más desespero y angustia. Compartir la esperanza de seguir viviendo con tranquilidad, ánimo y coraje.

Quizás, al escribir este libro, ayudaría a tocar el corazón de personas que se encuentran sumidas en los diferentes planos de una situación tan dañina como la Depresión... quizás mis palabras pudieran ser el empuje para hacerles cambiar de parecer... quizás lograra brindarles una luz que les guiara por un sendero nuevo.

Éste es un ejemplar conformado de varios elementos: Unas memorias reales, con acontecimientos particulares y tal vez extraños para muchos, que relatan la condición depresiva que me acompañó por muchísimos años. Análisis filosóficos, que permiten entender un poco nuestra naturaleza humana. Conceptos que explican la causa de los estados depresivos, en referencia a cada una de las corrientes energéticas primarias que componen el ser (cuerpo, mente y espíritu), y los efectos que generan cuando están vibrando en niveles de frecuencias bajas. Además, consejos prácticos, que ayudan a equilibrar la vida en general o, por lo menos, a tomar conciencia de lo que está fallando.

Quiero aclarar que el tema presentado no posee un enfoque en el campo de la medicina o la psiquiatría, y bajo ninguna circunstancia, pretende interferir en cualquier tratamiento médico al que pueda estar sujeto el lector. Más bien, se fundamenta netamente en mi experiencia personal y en una conceptualización teórica subjetiva; con el propósito de brindar una opción alternativa para aquellos que, en su constante búsqueda por sentirse mejor, están dispuestos a tomar medidas prácticas, naturales y permanentes.

Leer "Volver a Ser Feliz..." es un viaje *inusual* que invito a compartir; una oportunidad para iniciar una completa transformación personal. Felicito a los que estén dispuestos a afrontar el reto. Pues estoy convencida que, así como yo, lograrán darse cuenta que la verdadera esencia del ser humano es estar bien, y acabar con la Depresión es mucho más fácil de lo que jamás se imaginan.

Por último, debo agradecer: especialmente a mi "Ajustador de Pensamiento" que ha sido el arquitecto de mi existencia. A mi querida prima, Elizabeth, que abrió su corazón y creyó en mí; permitiéndome ayudarla a dar un cambio radical de vida positivo y regenerador. A mis padres, por su amor y apoyo incondicional. A mi esposo e hijos, que han sido parte fundamental de mi desarrollo. A familiares y amigos, que me brindan un ambiente de cariño. Y a todos aquellos que, especialmente, colaboraron para sacar adelante esta obra.

¡La cual... estoy segura... inspirará a muchos!

Patricia Gaviria

Primera Parte

Nunca olvidaré la sensación tan extraña que tuve al entrar a ese oscuro consultorio, con un personaje, pintoresco en su apariencia, que me esperaba al otro lado de un escritorio.

Al escuchar la pregunta: ¿Cuénteme qué le pasa? Mi ser se envolvió en un gran suspiro y en un silencio desalentador.

¿Cómo explicar *Qué me pasa*? –pensaba- ¿Cómo contestar el interrogante que me venía haciendo durante tantos años, y para el cual no tenía una respuesta? ¿Por dónde empezar? ¿Cómo pondría al descubierto las cosas tormentosas que habitaban en mí y que nunca me había atrevido a contarle ni a las personas más allegadas? ¿Cuánto tiempo tomaría el narrar todo lo que mi corazón sentía y mi mente conceptualizaba?

¡Me tocaba retomar las piezas del rompecabezas de mi vida e irlas colocando, una por una, en su lugar. Y tal vez así, sería la única forma de contestar tan compleja pregunta!

I

Mágica Niñez

Se podría decir que mis primeros años de vida se desarrollaron de una manera agradable. Nací en una linda familia donde el amor, la ternura, la cordialidad y la unión fueron parte fundamental de nuestra educación. Además, crecí en una ciudad pequeña que se caracterizaba por tener gente amable y abierta, brindándome gratos momentos que llevaré siempre en mi memoria.

En general fui una niña sociable, creativa, alegre, curiosa y activa. Me encantaba la música, el arte, el baile y, sobre todas las cosas, me apasionaba aprender. Sin importar el tema, mi mente generaba mil preguntas y trataba como fuera de encontrar respuestas. Lo que me llevó a ser una buena estudiante y a escuchar con atención a las personas que tenían algo para enseñar.

Manejaba las inseguridades comunes de enfrentar lo nuevo cada día, junto con la inocencia característica de los niños en crecimiento. Como por ejemplo, el miedo que me producía creer que el cobertor, ubicado sobre un amplio sillón al frente de mi cama, era un gran monstruo que me observaba detenidamente durante la noche.

Nada me impedía ser abierta y capaz de expresar mis sentimientos tranquilamente a todos los que me rodeaban. Permitiéndome tener buena relación con mi familia, abrir las puertas a muchas amistades, y hasta conseguir algunos noviecitos, que ofrecían una relación solamente de palabra, pues no se atrevían ni a cogerme la mano.

En la parte económica, tuve todo lo necesario, y yo diría que mucho más. Pude viajar y conocer diferentes lugares alrededor del mundo que me enriquecieron grandemente. Y mezclado con mi cultura natal de ambiente tropical, jovial y llena de grandes contrastes -a veces extremos- generaron en mi inquieta personalidad una visión particular acerca de la vida.

Cuando me remonto al tiempo de mi niñez, muchos son los recuerdos lindos que albergo, llenándome de agradables sentimientos. Pero hay algo que siempre cautiva mi atención... algo que desde muy temprana edad comenzó a formar parte de mi conducta y que, si observamos bien, es un comportamiento común entre todos los niños, sin importar la raza, el sexo o el lugar de nacimiento.

En los momentos que me encontraba jugando sola, natural e instintivamente comenzaba a hablar en voz alta, como si hubiera otra persona a mi lado. Aunque, en realidad, era un monólogo, donde yo preguntaba e igualmente contestaba. Por ello no faltaba el adulto que me interrogara: "¿Con quién estás conversando?".

¡Pero, para ser franca, no recuerdo cuál era la respuesta!

Lo único que sí recuerdo, es que esta auto-comunicación se convirtió en un juego… un juego que, poco a poco, no sólo se incorporó en mi diario vivir, sino que sería un elemento clave para el desarrollo de mis años venideros…

Reflexiones de Mi Experiencia...

Durante mi niñez viviría lo maravilloso de sentirse libre... libre de ser lo que se quiere ser.

Aprendí que todos los niños, al nacer, vienen equipados con herramientas innatas, valiosas y necesarias para un buen desarrollo. Y que la utilización adecuada de éstas, les permite percibir un ambiente que podríamos definir como "mágico".

Los pequeños, desde que despiertan, están listos para la aventura de vivir con ánimo y alegría. Recrean constantemente sus sentidos; observan, escuchan, tocan, huelen y prueban todo lo que es nuevo y les llama la atención. Su curiosidad es insaciable, y la capacidad de disfrutar las cosas sencillas y naturales es envidiable.

Sienten que son parte integral del entorno.

Se mantienen en constante movimiento. Ellos instintivamente saben que al moverse de una manera rítmica y recreativa, donde participen la música, el ingenio, el humor y la auto-expresión (a través de juegos, bailes o cualquier pirueta que sus cuerpos elásticos les permitan), los hará sentirse llenos de energía y gozo.

Para ellos la meta está en encontrar, a toda hora, algo que los haga reír... algo que los haga vibrar.

Son honestos consigo mismos y con los demás, sin temor a ser juzgados. No actúan con el propósito de complacer, ni pretenden que los que están a su lado hagan lo mismo que ellos. Sin prejuicios comparten con compañeros de diferente edad, raza, cultura o lenguaje. Y se expresan, a través de lo que dicen y hacen, sin mentiras ni fachadas. Por ésto, de una forma *inocente*, podrán afirmar por el teléfono: "Mi mamá manda a decir que no está".

Simplemente son y dejan ser.

Ofrecen amor y ternura sin condición; sin esperar nada a cambio ni guardar rencor a los que no les expresan estos mismos sentimientos. Son cariñosos por naturaleza, pues saben que el ser humano necesita de las expresiones amorosas para estimular su espíritu.

Dan por el placer de dar y no por el placer de recibir.

Llevan consigo el poder inigualable de ir paso a paso, momento a momento, disfrutando todo lo que llega y sin preocuparse de lo que vendrá después. Cuando los niños quieren algo, simplemente van por ello, sin miedo y sin angustia. Y cuando tienen un sueño, dan por hecho que la vida se los concederá, sin cuestionarse cómo.

El creer no tiene discusión.

Mágico, sí, *Mágico,* es el mundo que conciben los niños a través de sus mentes abiertas y su corazón joven, pues traen la sabiduría del universo que los guía y les permite sentir la verdadera esencia de la existencia.

"Durante mi niñez aprendí que los chiquillos poseen la clave para ser felices y libres… para ser lo que quieren y deben ser."

II
Difícil
Despertar

Mi vida transcurrió de una manera normal y placentera hasta los primeros pasos en la adolescencia -aproximadamente a partir de mis 12 años de edad- cuando, poco a poco, todo comenzó a cambiar.

A medida que enfrentaba nuevas experiencias, percibía cómo me iba saliendo del "encantado" mundo infantil e ingresaba en otro diferente para el que no estaba preparada. Aunque sabía que formaba parte de un gran sistema social, comencé a adquirir conciencia de individualidad y a entender que yo era un ente "único" que pensaba y sentía de una manera independiente. Pero, realmente, sin saber quién era; sin tener conceptos propios acerca de la vida ni gustos particulares que me identificaran en la forma de vestir, de hablar, de actuar, de vivir.

La habilidad de expresarme abiertamente, que me acompañó de niña, fue esfumándose paulatinamente. Y llegué a mirar alrededor con timidez y asombro. Se apoderó de mí un sentimiento de inseguridad, casi de miedo, de mostrar a los demás este nuevo individuo que estaba emergiendo; y del cual, yo, poco conocía. Además, creía que todas las demás personas comprendían el pleno sentido de vivir; que eran seguras de sí mismas, y controlaban totalmente sus deseos y pensamientos. Por lo tanto, mi seguridad comenzó a aparecer, solamente, cuando alguien más me la proporcionaba.

El decidir cosas tan sencillas como tomar soda o jugo, ponerme el vestido blanco o azul, ir a un lugar o a otro creaba una tormenta mental tan grande que no me permitía definir nada. Si alguien me dirigía una pregunta directa y esperaba una respuesta concreta, mi corazón se agitaba con fuerza y mis manos se humedecían con el sudor que producía el nerviosismo. Los pensamientos se bloqueaban y la voz enmudecía.

Empecé, entonces, a caminar con la cabeza en dirección al piso; evadiendo en todo momento la mirada de la gente. Aunque lo bueno era que, al final del día, llenaba una cajita con cosas que me encontraba en el suelo. Cuando me recogía el bus del colegio, recuerdo, que entraba con la cara agachada; saludaba al conductor con una voz balbuceante; y caminaba por el corredor interno, mirando de reojo, para lograr tomar el primer espacio disponible. Deseando que nadie me mirara ni me hablara. ¡Queriendo desaparecer!

En el salón de clase no me atrevía a alzar la mano para hacer cualquier pregunta o comentario, pues sentía miedo de ser juzgada, de equivocarme; de no estar haciendo o diciendo lo que los demás consideraban correcto; de no encajar en la sociedad de la que, alguna vez, había formado parte.

Mi personalidad, en desarrollo, generaba ideas y emociones contradictorias. Pues mientras me sentía incapaz de formar parte de la estructura social, al mismo tiempo, tampoco lograba tener mis propios soportes de convicción, firmeza e independencia. Y así fue como comencé a aislarme y a crear un mundo en el cual muy pocos tenían participación.

Pero como digo yo: "No se sabe en qué instante la vida nos tiene reservada una sorpresa", y la actividad que practicaba de niña -de hablar conmigo misma– comenzó a tomar un rumbo inesperado. Ya no eran solamente mis propios pensamientos o palabras las que participaban en el monólogo, sino que entró una segunda "voz" a formar parte del juego.

Realmente no era lo que conocemos como una voz sonora, pues, no se escuchaba ningún sonido. Más bien, eran unas vibraciones que se producían en mi mente, como si alguien estuviera escribiendo o imprimiendo información en ella. Parecía una charla amena con otra persona; en donde yo exponía mis conceptos acerca de cualquier tema, y luego, recibía otros diferentes, que debía procesar y tratar de entender.

¿La voz de la conciencia? ¿El juego de mi propia mente? ¿La intuición? o tal vez ¿Algún ser espiritual, especial, que me acompañaba?

¡No lo sabía!

Lo que sí recuerdo, es que nunca tuve miedo. Pues este proceso se daba de una manera instintiva y natural, como cuando estaba niña. Era una sensación tan confortable de paz y alegría, que esperaba ansiosamente la hora de acostarme para entrar en comunicación con esa "supuesta voz"; la cual me ofrecía horas de conversación y compartía conmigo esa insistente inquietud de analizar, preguntar y buscar respuestas.

A raíz de estos diálogos, comencé a tomar una perspectiva muy diferente de todo lo que me rodeaba: de la cultura en la que había crecido, de cómo se comportaba y pensaba la gente, de las ideas morales y religiosas que me habían enseñado, del papel de la mujer en nuestra sociedad, del sentido que posee la creación del universo y muchísimos otros aspectos que me inquietaban. Como por ejemplo, el por qué existe tanto sufrimiento, descomposición y desigualdad en nuestro mundo. O el por qué, aunque muchos somos personas de alma noble, no logramos encontrar paz, calma y un camino de completa realización.

Cientos de nuevos conceptos que fui adquiriendo resultaban muy lógicos para mi entendimiento; sin embargo, muchos de ellos se sentían tan diferentes a los que manejaba el común de la gente, y parecían tan contrarios a los que expresaban las costumbres marcadas de mi sociedad tercermundista, que comencé a sentir que yo pertenecía a otro mundo lejos del que había nacido.

Esa energía interna envolvía mi ser con una emoción tan especial, que me convencía de la existencia de algo más poderoso, sabio y supremo… algo lejos, pero a la vez cerca… algo desconocido, pero a la vez familiar… algo que habla y no habla. Algo a lo que no lograba darle un nombre en ese momento, pero que indiscutiblemente era real y formaba parte de mí.

Día tras día esa "voz" me confortaba y, de alguna manera, se convirtió en mi compañera y confidente. Sin embargo, para ese entonces, todavía estaba muy lejos de alcanzar una tranquilidad emocional y un entendimiento más amplio de lo que realmente estaba sucediendo...

Reflexiones de Mi Experiencia...

Durante estos primeros años de adolescencia entendí que a medida que crecemos, generalmente, vamos bloqueando los elementos naturales e indispensables para tener una vida placentera y de bienestar.

Si observamos, muchas o todas las herramientas con que nacen los niños se ven obstaculizadas por sistemas de vida inapropiados que quieren imponer la mayoría de las sociedades. Entre más se exponen a aspectos, conceptos y costumbres contrarias a su esencia, los pequeños comienzan a cambiar su comportamiento natural. La alegría se va esfumando, poco a poco; ya no hay espacio para la imaginación, el auto-conocimiento y la auto-expresión; el sentido de la existencia se distorsiona; y, especialmente, ya no es fácil entrar en contacto con las fuerzas universales que nos inyectan vigor y sabiduría.

Y es que hace miles y miles de años atrás se dieron devastadores sucesos históricos que marcaron a la humanidad en su forma de pensar, creer, sentir y actuar. Generando una base errónea e inestable para la creación de organizaciones sociales, educativas y religiosas de épocas posteriores.

Aspectos valederos y reales se entrelazaron con otros falsos y fantásticos; dando paso a un período de gran confusión, que comenzó a entorpecer nuestra conexión original con el resto del universo.

Así, a través de los siglos, el mundo siguió su evolución, pero trayendo cargas casi aplastantes para las generaciones actuales.

En la actualidad vivimos sumergidos en culturas cargadas de condiciones muy distantes a las que realmente debería estar expuesto el ser humano. Estructuras donde los niños son forzados a cambiar su instinto natural y a adoptar identidades que se acomoden al sistema; donde se ven alejados de sus pensamientos y sentimientos innatos; donde no logran interactuar apropiadamente con los demás; donde se alejan de la madre naturaleza y pierden el conocimiento correcto de la utilización de ésta. Sin olvidar, que la comunicación interna con la energía creadora se esfuma casi por completo.

Por ello no es de sorprenderse que comúnmente sigamos enfrentando hechos que no logramos entender. Injusticias poco dignas de nuestra especie. Miles de transformaciones genéticas y enfermedades que no deberían ser parte de nuestra condición. Además, circunstancias desconocidas que generan sentimientos extraños, y frecuentemente pueden llevarnos a preguntar cómo un ser elevado y superior como Dios permite que todo esto suceda.

Pero, si prestamos un poco de atención, podemos darnos cuenta que la condición natural con la que nacemos, siempre está latente en nuestro interior. Que, de alguna manera, sigue existiendo un vínculo con la fuerza que conserva nuestro patrimonio original. Y aunque se encuentre más allá del propio conocimiento entender ¿Qué es? o ¿Quién es?, debemos estar seguros que esta energía omnipotente está disponible en nuestro crecimiento y desarrollo; o, por lo menos, está vigente para los que quieran retomarla.

Así, los jóvenes que logran evadir muchas de las circunstancias adversas y mantenerse firmes en sus instintos originales, son los que sacarán adelante su vida. Por el contrario, aquellos que son forzados a llevar tradiciones que no evolucionan con el paso de los años, y se les transmiten conceptos que van en contra de su disposición infantil, son los que seguramente desarrollarán personalidades conflictivas e inestables.

Cada generación viene cargada con una información más avanzada que la de sus progenitores; elemento fundamental para el desarrollo del progreso. Por ésto, muchas de las conductas manejadas por los pequeños, no serán suficientemente lógicas para sus padres.

Las costumbres son un elemento fundamental de los pueblos; pero, nunca éstas pueden aplastar la fuerza que trae la nueva y desarrollada forma de pensar y de actuar de los chicos. Los adultos siempre tendrán gran experiencia para enseñar, aunque jamás deben subestimar el conocimiento supremo del universo que deja su huella en los seres que nacen día a día.

"En el comienzo de mi adolescencia comprendí que cuando se va cambiando la esencia infantil, a los jóvenes se les impide desarrollar una vida adecuada y construir un buen futuro como adultos. Pero que, afortunadamente, la relación con la gran energía universal se puede suspender, más nunca perder."

III
Confusa
Realidad

En los años venideros, casi todos los conceptos que fui adquiriendo a través de las conversaciones, se daban tan contrarios a lo que veía y experimentaba a mí alrededor, que lastimosamente la inseguridad, la confusión y un sentimiento de desorientación fueron cogiendo fuerza en mi interior.

Empecé a observar la indiferencia mundial reinante hacia problemas como: miseria, guerra, falta de educación, deficiencia en salud física y mental, y mucho más. Mi razón se abrumaba cuando veía niños tirados en la calle, sin alimento, sin hogar, sin amor, sin vida. Como el irrespeto, la violencia y la muerte se entrelazaban en el mundo cotidiano. Y mi corazón se partía cuando personas buenas y dignas tenían marcada en su cara una amargura de lucha, en un medio que nos les ofrece, ni siquiera, una de las más sencillas condiciones: aprender a firmar su propio nombre.

Notaba como *la mujer* tenía una esencia hermosa y particular, que estaba siendo oprimida por una sociedad patriarcal que le negaba la libertad de actuar, de pensar, de aprender, de ser; y la arrastraba involuntariamente, no sólo a parecer un sexo menos capacitado, en todos los sentidos, sino a desafortunadamente serlo. Pero que si, de alguna forma, se lograra recuperar los verdaderos valores y la fuerza innata del sexo femenino, saldría triunfante y cambiaría el destino de las siguientes generaciones.

Recuerdo que todos los días domingos íbamos al servicio religioso de nuestra iglesia y, yo, escuchaba y observaba atentamente. Muchas cosas se pueden rescatar de estas reuniones, pero, en general, eran demasiadas las preguntas que no tenían respuestas lógicas, y muchas otras, que ni siquiera alcanzaban una explicación.

Me rehusaba a aceptar que el ser humano hubiera sido creado para venir a sufrir. Que supuestamente aprendemos y evolucionamos a través de penas y experiencias amargas. Que estamos pagando por cierto "Pecado Original" cometido hace mucho tiempo, y condenados a llevar una cruz, el resto de nuestros días, si no nos arrepentimos de algo que tampoco entendemos. O que Dios está muy lejos y alcanzarlo sólo es permitido para los santos, y los que no nos acerquemos a ser como ellos, nos hundiremos en mundos oscuros de castigo y más sufrimiento.

Pensaba que no somos "pecadores", como nos querían enseñar, sino más bien "aprendices" que estamos empezando un largo recorrido para adquirir una conciencia más alta. Pero esto no nos convierte en seres excluidos por el universo ni, mucho menos, condenados por él.

Me sentía diferente e incapaz de compartir mis sentimientos con nadie más... me sentía extraña, desconcertada. Segura de mis pensamientos, pero insegura de mis emociones.

Estaba convencida que todos tenemos derecho a encontrarle respuestas a nuestras inquietudes. Y como "mi" religión no lograba darme el soporte suficiente que yo ansiaba, decidí tomar otros caminos.

Me embarque en un período de estudio, explorando las diferentes filosofías que predican otras de las más importantes e influyentes religiones alrededor del mundo. Pero ninguna logró calmar mi inquietud.

Decidí, entonces, explorar la metafísica, el espiritismo y esoterismo. Actividades como la lectura del Tarot, la mano o el tabaco; juegos para contactar los espíritus; desdoblamiento del cuerpo o viajes astrales; y regresiones hacia las vidas pasadas, entre otras. Desafortunadamente los cientos de palabras y conceptos nuevos como karma, reencarnación, posesiones, videncia y otros, tampoco fueron lo suficientemente claros y lógicos para esclarecer mis dudas. Produciendo más tormenta mental y aturdimiento.

¡Comencé a entrar en una etapa difícil!

Mi corazón se sensibilizaba ante el mundo, pero me sentía incapaz de hacer algo para cambiarlo. Mi mente escuchaba una *voz* que acomodaba los conceptos de vida, sin embargo, nunca contestaba preguntas como: ¿Quién o qué era? ¿De dónde venía? ¿Por qué estaba metida en mis pensamientos? ¿Por qué si era parte de mí, al mismo tiempo se sentía tan ajena? Y aunque seguía buscando con dedicación, el miedo me impedía preguntar abiertamente, pues no quería ser tachada de "loca".

Empezaron a producirse dolores de cabeza crónicos y fuertes migrañas que me paralizaban por días enteros y terminaban con nausea y vómito. Cada vez más seguido tomaba pastillas para aliviar el dolor; aunque, rápidamente, las dosis normales no eran suficientes, y buscaba medicinas más fuertes que comenzaron a afectar mi cuerpo de otros modos.

Y como si ésto fuera poco, había llegado a la etapa donde se empiezan a afrontar situaciones nuevas en la parte afectiva, al descubrir el amor. Lo que para la mayoría de las personas puede ser una etapa linda y enriquecedora, para mí se convirtió en un proceso amargo y difícil.

Al mirarme en el espejo, veía una niña demasiado flaca, escasamente desarrollada, de color pálido, piel brotada, un pelo como de escoba usada y poco atractivo para el sexo opuesto. Siempre estudié en colegios exclusivamente para mujeres; por lo tanto, un encuentro cercano con un extra-terrestre hubiera sido más sencillo que entrar en comunicación con un muchacho. Yo era el "patito feo" que nadie quería sacar a bailar en las fiestas y con el cual no se lograba una conversación más larga de medio minuto.

El juicio hacia mi propio ser se fue transformando en auto- rechazo, y toda esta confusión me arrastró a cambiar de rumbo la gran búsqueda.

Esta vez apareció un deseo, casi obsesivo, por encontrar el *príncipe azul* que me diera la felicidad, como nos habían enseñado nuestras historias de cabecera: "Blanca Nieves y La Cenicienta". Pensaba que si algún galán protector se fijaba en mí, acabarían los sentimientos de incertidumbre, timidez y ansiedad como por arte de magia. Pues estaba convencida que la amargura se generaba al no tener ese *alguien* que me mostrara cómo disfrutar la vida, me inyectara alegría, me dijera lo linda o inteligente que era, me reafirmara que yo, sí, pertenecía al mundo normal.

Pero entre más me angustiaba por encontrar un salvador, más rápido se iban las posibilidades. Y aunque hubiera seguido buscando el resto de mi vida, nunca lo encontraría.

Al final de esta etapa muchos fueron los choques emocionales que experimenté, y serían el comienzo de uno de los períodos más críticos y delicados de mi camino…

Reflexiones de Mi Experiencia...

Durante estos años de mi desarrollo entendí, que cuando interrumpimos el auto-conocimiento y la auto-estima, vamos experimentando condiciones que carcomen y paralizan.

Millones y millones de personas pasan invisibles ante la sociedad, incapaces de hablar, expresar o participar de la vida de una manera autónoma. Y aunque, a veces, sientan o piensen diferente, terminan haciendo todo lo que los demás quieren y jugando los juegos que las estructuras sociales imponen.

Cuando renunciamos a construir una personalidad y seguridad propia, nos vamos sumiendo en sensaciones de incertidumbre; soltamos las riendas de nuestra vida y la dejamos en manos de algo o alguien más; aceptamos condiciones ajenas -así no sean las apropiadas- con tal de no sentirnos rechazados o menospreciados... con tal de que alguien nos diga que nos quiere y necesita... con tal de encajar en el sistema. Y si no obtenemos la aceptación incondicional de los otros, o la mayoría de veces su lastima, nos derrumbamos y sentimos ahogar.

Fácilmente nos dejamos convencer que tendremos espacio en el "mundo normal" si somos bien parecidos y atléticos. O que solamente es triunfante el que posee grados, puestos de importancia o quizás mucha riqueza material. Nos hacen creer que sólo ganamos valor cuando llenamos todos los requisitos determinados por un mundo que ha ido perdiendo el auténtico reconocimiento que merecemos todos los hijos del universo.

El desconsuelo y la envidia van creciendo, pues, sentimos la amenaza de los individuos que se presentan más inteligentes, atractivos o prósperos que nosotros. Llevándonos a crear una obsesión por encontrar el amor perfecto, el trabajo perfecto o tal vez el cuerpo perfecto; que llenen ese gran espacio que se apodera del alma.

Al opacar nuestra identidad construimos un mundo lleno de miedos. Miedo a no ser amados, a no tener lo suficiente, a no lograr sacar adelante nuestros propios anhelos y sueños. Terror al futuro…a la enfermedad… a la muerte.

¡Aprendemos a tener miedo y nos acostumbramos a él!

Hay que tener en cuenta que al estar en búsqueda de un valor propio, mucha gente cae fácilmente en el "egocentrismo". Condición que manifiesta comportamientos *aprendidos;* mostrando las personas muy seguras de sí mismas, pero, en el fondo, hay un vacío interno que las lleva a ensombrecer a los demás para sentirse mejor. Destacando frecuentemente los errores o debilidades ajenas; dependiendo de la constante alabanza por parte de los que las rodean; imponiendo sus pensamientos, a toda costa, para demostrar que tienen la razón.

El egocentrismo es una auto-valoración distorsionada y no está ni cerca del verdadero auto-conocimiento.

Pero pareciera que la *voz interna,* que habla en nuestro pensamiento, fuera un elemento fundamental en la búsqueda de nuestra propia personalidad y el entendimiento de nuestra verdadera naturaleza... pareciera que aquel "susurro" nos abre la conciencia, no sólo del mundo exterior sino de nuestro mundo interior... pareciera que ella conoce más de "nosotros", que lo que sabemos nosotros mismos... pareciera tener una sabiduría colectiva y a la vez individual.

Por esto, entre menos entendemos quién es ella, menos nos entendemos a nosotros mismos. Y entre más difícil es la conexión con ella, mucho más complicado es tener claridad de nuestra identidad y existencia.

"Durante este período de mi vida comencé a visualizar que el auto-conocimiento y la auto-estima son unos de los elementos más difíciles de adquirir en el proceso del crecimiento. Aunque, quizás, la comprensión de quién es o cómo funciona la *misteriosa voz mental,* podría ser la clave para conservar el contacto directo con nuestra esencia original interna."

IV
Límite de
Mi Realidad

Muchos aspectos de esta etapa –aproximadamente a partir de mis 15 años de edad– comenzaron a extinguir la esperanza de encontrar la llave mágica para salir del hueco emocional en el que me encontraba.

Vivía en un mundo que nadie más parecía percibir, y que, definitivamente, yo, tampoco quería que percibieran. Había días en que lograba comportarme de una manera "normal"; pero en general, mi ser lidiaba una batalla donde, constantemente, luchaba por no sentir lo que sentía... por no pensar lo que pensaba... por no desear lo que deseaba.

El ambiente familiar me brindaba cosas muy lindas, sin embargo, en mi interior solo había conflicto. Deseaba gritar y hacerle saber a toda la gente especial que me rodeaba cómo era mi vida; no obstante, pensaba que ellos ya tenían suficiente con el hecho de enfrentar sus propias dificultades, como para cargar también con mis confusiones y tristezas. Asumía que ésta era una situación que solo yo podía resolver y un dilema, netamente, mío.

Envidiaba a las personas que mantenían su alegría así enfrentaran problemas graves, pues yo no disfrutaba con nada, y, casi siempre, la risa aparecía en mi rostro de una manera fingida.

Cuando miraba hacia el futuro, mi pensamiento se nublaba sin lograr identificar qué pasaría más adelante. No había metas, pasiones o sueños para alcanzar. Sentía que yo no servía para nada y, aunque me esforzara, siempre fracasaría en los intentos. Cualquier inconveniente que tuviera que enfrentar intensificaba mi angustia, impidiéndome tomar cualquier decisión. Y la única emoción que predominaba era el miedo.

Cada vez me era más difícil estar activa en la sociedad y hacer las cosas que disfrutaba de niña. No deseaba salir a ninguna parte ni hablar con nadie. Y cuando, por alguna razón, me veía rodeada de mucha gente, mi corazón se aceleraba, mi respiración se entrecortaba y la zozobra aumentaba. Por eso es que yo adoro los cuartos de baño, pues ellos eran un lugar de refugio cuando quería evadir estas incomodas situaciones; y afortunadamente los hay disponibles en todas partes.

Comencé a experimentar estados a los que nunca imaginé alguien podría llegar.

Las primeras horas de la mañana se convirtieron en un momento desagradable, pues al abrir los ojos manifestaba una gran amargura imposible de disipar. La pesadez, el cansancio y la apatía permanecían conmigo a toda hora, costándome un esfuerzo sobrehumano cumplir con las responsabilidades.

Aunque parecía que fuera *perezosa,* la verdad es que tenía que doblar mi fuerza cuando alguien me pedía algún favor o algo se presentaba que no estuviera en mis planes. Me sentía culpable.

El mal humor se fue convirtiendo en parte del diario vivir. Luchaba por sentir positivamente ante la vida, pero los pensamientos negativos y pesimistas predominaban. Si alguien hacia un comentario de crítica o de algún modo me rechazaba, caía en auto-desprecio y desconsuelo. Sin querer, siempre enfocaba la tristeza y no la alegría. El llanto aparecía sin llamarlo y lo único que me daba un poco de alivio era dormir; llegando a extremos de quedarme en la cama por días enteros, sumergida en una sensación de aturdimiento y frustración.

Hasta los gustos comenzaron a cambiar. Ahora la única ropa que me llamaba la atención era la de tonos oscuros o negra; y cualquier prenda de colores llamativos que tratara de ponerme, creaba un rechazo tan fuerte que me arrastraba a quitármela de inmediato. Cuando pintaba, únicamente me nacía plasmar caras melancólicas o paisajes desolados y grises. Y como si fuera poco, cada vez aguantaba menos la luz del día, prefiriendo estar encerrada en la oscuridad y el silencio.

Y ni hablar de los constantes malestares físicos que me llevaban a visitar los médicos con bastante frecuencia. No quedó ni un rincón de mi cuerpo por el que no metieran tubos para encontrar la razón de las dolencias. Sin embargo, el diagnóstico era lo que, en estos casos, comúnmente da la medicina convencional: "eso es estrés, no se preocupe".

Empecé a batallar con dos personalidades: la que jugaba a actuar normalmente y la otra que me acorralaba... la que aspiraba salir adelante y la que quería hundirme... la que entendía y la que se confundía... la agradable y la desagradable. A veces lo atribuía a ser del signo zodiacal *"Géminis"* y la cuestión de las dos figuras que lo representan; pero, al final, nada era coherente. Y no entendía cómo esa *voz interna,* tan auténtica, poderosa y sabia, no lograba aliviar mi condición.

Hacía un esfuerzo por seguir como si nada estuviera pasando. Me agotaba de luchar constantemente y de fingir que era feliz. Mantenía siempre la sensación de cargar una piedra gigante en la espalda y fui cogiendo el perfil de una joven tímida, seria y huraña. Llegando a creer que de verdad yo estaba "loca" y no existía remedio para mi "locura".

¡Muchos fueron los momentos en que quise cerrar mis ojos para nunca más volverlos a abrir, pues el verdadero sentido de la vida parecía esfumarse!

Hoy recuerdo un día en especial. Después de haber tenido cualquier otro de los tantos desengaños que se presentaban a menudo -donde los sentimientos que chocaban con mi lógica afloraban involuntariamente- que supe que había llegado al límite. Mi cuerpo no respondía y mis raciocinios me enloquecían. No soportaba más. Y, envuelta en angustia y llanto, tome la fría determinación de... quitarme la vida.

No tenía miedo de hacerlo y, aunque me aterraba el tener esa seguridad, estaba lista para lograr mi cometido. Sabía que causaría mucho daño con este acto, para muchos de cobardía; sin embargo, pensaba que el mostrar la verdadera Patricia sería más devastador.

Afortunadamente el universo movió sus fichas, y en el instante de dar el paso más crucial de mi existencia, la *voz* apareció de nuevo. Más esta vez, no hablaba... esta vez, gritaba:

- *"¡NO! ¡NO! ¡NO! lo hagas. No te rindas y escúchame."*

Y aunque yo me rehusaba a prestar atención, contesté: lo lamento. Sí lo voy a hacer. No aguanto... no soy capaz de continuar... estoy cansada. Déjame por favor.

Albergaba un sentimiento que se sale de todos los límites de comprensión, pues mi mente estaba consciente pero, a la vez, se hallaba muy lejos de la realidad. Experimentaba una fuerza mayor que mis capacidades, que me arrastraba a dejarme ir... a dejar de ser... a, simplemente, dejar de existir. Y por otro lado, las vibraciones que se imprimían en mi cabeza de que "me detuviera", retumbaban de una manera abrumadora. Fue tanta la tensión entre una energía, que presionaba por un lado, y la otra, que la contrarrestaba, que llegó el momento en que perdí toda la fuerza; desplomándome en el piso, inmóvil y aturdida.

La comunicación continuó por un rato, hasta lograr calmarme un poco. Y hoy recuerdo algunas ideas de las que marcaron mi pensamiento:

- *"¿Has tenido suficiente?"*

- ¿Qué si he tenido suficiente? Por supuesto que he tenido suficiente, de todo. Y por eso estoy haciendo, lo que estoy haciendo. – contesté.

- *"Realmente, a lo que me refiero es si ¿Has tenido suficiente de buscar la felicidad fuera de ti? Te has dado cuenta, por fin, que entre más apoyas tu seguridad en los demás... más se aleja. Que entre más te obsesionas por encontrar la verdad en otros... más se esfuma. Entre menos te valoras... menos te valoran. Y que entre más le pierdes el sentido a tu ser... más se pierde el sentido de la existencia.*

¿Estás dispuesta a darle un vuelco a tu vida? ¿Es tu voluntad cambiar? "

- ¡Sí! Pero, no sé cómo. - afirmé.

- *"Lo primero y más importante, es el deseo que tu corazón tenga por lograr el cambio; pues nada será diferente si no es la voluntad propia la que lo decida.*

Lo segundo. Coge una hoja de papel y un lápiz y escribe QUIÉN QUIERES SER."

- Pero es que no he podido saber quién soy ni quién quiero ser. – respondí.

- *"Solamente cierra tus ojos y sueña. No es quién quieren los demás que, tú, seas o lo que las circunstancias te han llevado a ser; es cómo quisieras, tú, ser. Solo imagínatelo y escríbelo. La fuerza y la sabiduría están en tu interior. Confía en tus instintos y nunca le niegues la expresión a tus emociones."*

"Si la materia prima con que está hecho el universo es amor, equilibrio, sabiduría, abundancia, alegría y perfección, y tú eres una parte del universo no más importante que un grano de arena pero no menos valioso que el propio creador; entonces, ¿Cómo puedes dudar que, tú, seas amor, equilibrio, sabiduría, abundancia, alegría y perfección?"

"Cuando reconozcas tu fundamento. Cuando tu cuerpo, mente y espíritu se coloquen en vibración con la esencia primaria, y decidas ser lo que se debe ser; solamente ese día, comenzarás a palpar lo que realmente eres. Tu verdad está alrededor, pero la escuchas y entiendes en tú interior."

- ¿Entonces, por qué me siento tan mal? – pregunté.

- *"Porque estás negando lo que eres. Te rehúsas a experimentar tu verdadera naturaleza y a dejarla fluir dentro de ti. Con tus pensamientos te empujas a salirte de tu cauce original."*

- ¿Cómo así que mi cauce original? - interrogué.

- *"Quiero que imagines algo. Supongamos que en el momento de tú nacimiento se abre un gran río ante ti. Estás sentada sobre una pequeña barca, anclada,* en el nacimiento de éste. Tus ojos contemplan un cauce que le da forma a todo el torrente que fluye adelante, y su imagen se vuelve parte del horizonte después de un largo recorrido. La energía -o en este caso, el agua- va corriendo constante y suavemente; pero, lleva la fuerza necesaria para ir arrastrando el barco en su misma dirección."

"En el punto de tu crecimiento, cuando se amplía la conciencia y tomas tus primeras decisiones morales, sueltas el ancla y tu bote comienza a seguir la ruta que lleva la corriente. Mientras circulas libremente, observas que en cada uno de los bordes, a todo lo largo del arroyo, hay miles de pequeñas "estancias" -una al lado de la otra– que también se pierden en la distancia. Cada sitio te ofrece algo distinto. Puedes contemplar y recrearte con una inmensa variedad de seres vivos, objetos, olores, sabores, texturas y sonidos; pensamientos, emociones, sensaciones y mucho más."

"Es como una 'plaza de mercado', que logras explorar en tu embarcación."

"Si deseas coger los remos, desplazarte hacia la orilla y bajarte en cualquiera de las moradas, que te llame la atención, ten completa seguridad que algo lindo encontrarás. Cada lugar visitado te proveerá nuevos suministros que puedes guardar en tu navío y asegurarán un buen viaje... suministros indispensables para mantenerte corriente abajo, hacia la desembocadura de tu río: El Núcleo Universal."

"Pero también es tu decisión seguir caminando y adentrarte en las selvas que se extienden detrás de las estancias. Te sumergirás, entonces, en terrenos llenos de obstáculos que se entrelazan e impiden ver *algún horizonte; y aunque trates de tumbarlos, cada vez aparecerán más y más. Es un ambiente donde las condiciones no son aptas, y te harán sentir perdida, débil, triste y sin esperanza. ¡Pues todos los elementos que necesitas para sobrevivir, los dejaste en tu confortable medio de transporte!"*

"Y si después de transitar gran parte de esa jungla, logras llegar a otra corriente de agua que corre paralela a la tuya, no te montes en el bote que veas. Pues, estarás destinada a seguir el trayecto que ha sido preparado para otra persona."

"Cada individuo tiene su espacio determinado, y cuenta con un camino propio para llegar al mismo destino que tienen todos los demás. Y aunque, de cierta manera, estás a disposición de la corriente, es decisión propia dónde te quieres bajar; qué quieres sentir, aprender o experimentar; y cuánto te quieres demorar en cada sitio, antes de seguir el recorrido."

"Eres dueña de tu cauce y de tu barca; creadora de tu hazaña durante la travesía. Es más, es tu exclusiva voluntad recorrer o no ese río."

"Si no decides quién quieres ser, nadie lo hará por ti… ni siquiera el universo."

A partir de ese instante apareció un sentimiento de esperanza como nunca antes. Por fin, comprobé que el generador para mi transformación estaba más cerca de lo que imaginaba; estaba dentro de mí. Y aunque todavía no poseía claridad *qué* era exactamente, no tenía ninguna duda que había salvado mi vida.

Ese día me prometí que ya nunca más agacharía la cabeza al caminar; y que miraría a la gente a los ojos, sin miedo a ser juzgada por lo que era o lo que pensaba. Que así como yo respetaba a los demás, me respetaría a mí misma; y como valoraba a los otros, así mismo me auto-valoraría. Que pondría en orden todos los conceptos adquiridos y escogería aquellos con los cuales me identificaba. Que aprendería a seguir mi corazón para reconocer mis verdaderos deseos. Y así fuera un viaje complejo, de ahora en adelante, el coraje sería un aliado para encontrar mi destino.

Al escribir QUIÉN QUERÍA SER comencé a obtener conciencia de mi propia realidad, y mucha fue la tranquilidad que experimenté. Lastimosamente mi historia no terminó aquí. Y todavía tendrían que suceder muchos otros acontecimientos, para lograr generar las maravillas que se dieron en años posteriores…

Reflexiones de Mi Experiencia...

Durante estos años comprendí aspectos muy importantes.

Nosotros, los seres humanos, tenemos el mismo valor de cada uno de los elementos que conforman el universo. Pero hay algo que nos hace muy especiales; que nos brinda la independencia de decidir y escoger quién queremos ser, qué deseamos experimentar y cómo lo podemos lograr: El LIBRE ALBEDRÍO.

Es nuestra voluntad cambiar o quedarnos estancados en una vida tormentosa. Es decisión propia ser sinceros con nosotros mismos o sumirnos en sentimientos negativos que destruyen la verdadera razón de la existencia. Es nuestra opción aventurarnos a luchar por convertir en realidad los sueños o, más bien, mantenernos con miedo a afrontar algún tipo de fracaso. Y es libertad, exclusiva y particular, el escuchar esa voz interna que tiene la sabiduría para mostrarnos el camino correcto hacia la plenitud o seguir con comportamientos adquiridos que impiden captar con claridad los mensajes que ella nos transmite.

Cuando decidimos ponernos en contacto con nuestra materia prima, comenzamos a visualizar el mundo de una manera más apropiada. Entendemos que nadie nos da valor; nosotros ya nacemos con él. Nadie nos brinda las ganas de vivir; ya hace parte de nuestro ser. Nadie puede validar nuestros pensamientos, pues ellos son absolutos y sagrados.

Sin olvidar que la fuerza para lograr sacar adelante los ideales, viene adherida a nuestra alma.

También aprendí que la felicidad es una determinación personal y no está en manos de los demás el dárnosla.

Si dejamos fluir la verdad, aceptando las emociones positivas que se albergan en nuestro interior y adquiriendo sanamente un respeto propio, no hará falta que alguien nos diga que nos ama; no necesitaremos ser estimulados para admirar una flor, dejarnos embrujar por una noche de luna llena; vibrar con una alegre melodía que incite a mover nuestro cuerpo o, tal vez, entonar en voz alta una canción que llegue al corazón, aunque se nos escuche como un disco tocado por un viejo fonógrafo.

Y si logramos definir que nuestra alegría no es tarea de nadie, también debemos aceptar que nuestra *desgracia* tampoco es responsabilidad de otros. Pues cuando aparecen situaciones difíciles o personas negativas, que obstaculizan nuestra experiencia, somos nosotros los únicos responsables de dejar aporrear el espíritu; de protegernos bajo el ala de los pensamientos y actuaciones de alguien más; de buscar siempre, alrededor, a quién o a qué echarle la culpa de nuestra incapacidad de tomar las riendas de la supervivencia propia.

El deseo sincero es la base de cualquier cambio y una de las herramientas más poderosas que poseemos. Decidir qué personalidad queremos ir moldeando y cómo enfrentar la vida a través de los años, es un privilegio que se nos otorga al nacer; pero, este *salvoconducto* es intransferible y la opción de usarlo es totalmente autónoma.

El verdadero destino del ser humano es vivir una vida plena. Es para lo que nacimos y para lo que fuimos creados. Sin embargo, aunque a veces no lo aceptemos, somos nosotros los que decidimos tapar nuestros ojos... cubrir nuestros oídos... cerrar nuestra boca... encadenar nuestra piel... y reprimir nuestros corazones.

"Durante este período de mi vida comprobé que la mayor fuerza del ser humano se encuentra en una energía poderosa y sabia, que habita en lo más profundo del alma. Mas es voluntad individual el mantenernos conectados o, completamente, lejos de ella."

V

Volviendo

a Nacer

Grandes cambios se dieron en esta otra etapa – aproximadamente a partir de mis 17 años de edad– que me llenaron de una linda sensación de vida.

No sólo entendí el gran poder que albergaba dentro de mí, sino que cada vez la conexión con la *voz interna* se hacía más fuerte.

Lo primero que recuerdo fue el gran impulso por leer libros de positivismo y auto-estima. Cantidades de autores excelentes brindan información valiosa que permite ir entendiendo y construyendo el amor propio. Y agradezco, de todo corazón, a aquellos que, en algún momento de mi camino, me dieron un empujoncito con sus escritos.

Día a día, fui adquiriendo valor para expresar muchas de las cosas que guardaba internamente. Decidí hablar, preguntar y hasta discutir cualquier tema que estuviera a disposición. Lo más particular de todo, es que de ser la niña tímida, callada e insegura, me fui convirtiendo en la que argumentaba y debatía -con gran entusiasmo- para demostrar mis puntos de vista. Ya poco me importaba hacerle saber a la sociedad que pensaba diferente y no aceptaba muchas de sus condiciones. Y si hay alguna duda, pueden preguntarle a mis ex-compañeras de los últimos años de colegio, que seguramente me recordarán por todos estos atributos.

¡Me sentía como volviendo a nacer!

También recuerdo la dicha tan increíble de haber dejado atrás la obsesión de encontrar a alguien que me rescatara. Por completo había entendido que el famoso *príncipe azul,* que esperé durante tanto tiempo, no habitaba en un reino lejano, sino que tenía sus aposentos en lo más profundo de mi alma. Además, ahora cuando los muchachos se acercaban, asombrosamente yo mostraba una completa seguridad de lo que hacía y hablaba; irradiando una energía diferente que llamaba la atención de los nuevos galanes.

Claro que debo confesar. Si algo me retornaba a sentir miedo, era la hora en que, por fin, lograra la oportunidad de tener lo esperado por siempre: mi primer beso. Gracias a Dios salí triunfante y sobreviví a la experiencia.

Pero faltaba una prueba decisiva en confirmar si realmente había avanzado en mi fortaleza interna: el día que enfrentase una relación seria, y el corazón estuviera totalmente comprometido. Me preocupaba que la fuerza de la costumbre me arrastrara a aferrarme ciegamente a la persona que compartiera conmigo esta vivencia. Felizmente, de nuevo, salí victoriosa. Y en el momento que se terminó este lindo vínculo, tuve el coraje de seguir, con muchas ganas, mi estimulante recorrido.

A partir de allí, muchos fueron los cambios que experimenté: nueva personalidad; nuevo país de residencia, con idioma diferente y un sistema social mucho más apropiado para mí; nuevos estudios, trabajos, amores y amistades. Era tanta la metamorfosis, que hasta la *patita fea* de antes parecía haberse transformado en algo más atractivo. Y le agradezco al universo todas las oportunidades en que logré disfrutar la vida como nunca antes lo había hecho.

Al fin, todo se percibía normal. Como jugando, otra vez, en el mundo mágico de mi niñez; reía, cantaba, bailaba y buscaba inquietamente mil cosas que me permitieran sentir plena. El seguir las emociones y la intuición se volvieron regla general en mi comportamiento. Y aprendí a identificar los medios correctos para lograr mis anhelos.

Pero, infortunadamente, la vida es muy sencilla algunas veces, y otras, se torna complicada; "cuando creemos que todo lo sabemos y, sin embargo, encontramos que todavía muy poco conocemos".

Yo pensé que el haber descubierto la llave mágica de mi interior sería suficiente para vivir tranquila, de aquí en adelante. No obstante, pronto me fui dando cuenta que -de vez en cuando- las sombras de los años anteriores se presentaban como fantasmas. Detalles pequeños, como comentarios, discusiones, canciones, películas o algún recuerdo del pasado, me empujaban de una manera abrupta a experimentar las condiciones que antes predominaban.

Después de un momento elevado de alegría, y en cuestión de segundos, mi ser caía en tristeza y angustia. Con una opresión en el estómago y en la cabeza, las lágrimas rodaban por el rostro y la sensación de sentirme extraña reaparecía.

¡No lo podía creer!

A menudo, me cuestionaba: "¿Qué está fallando?" y aunque no encontraba la respuesta, empecinadamente ocultaba a los demás esta parte incontrolable de mi existencia. Me fui acostumbrando a vivir, ya no sumida constantemente en pena, pero sí a sobrellevar estados emocionales extremos; donde en un minuto vivía... y al siguiente moría.

Hasta ese momento había adquirido cantidades de elementos que permitieron sentirme mejor, pero comencé a entender que faltaban muchos otros. Y con la ayuda de la gran fuerza interior, empujándome a seguir el rumbo de mi destino, estaba dispuesta a perseverar en la insaciable búsqueda de ese *algo* que me brindara la estabilidad anhelada...

Reflexiones de Mi Experiencia...

Durante estos años comprendí el significado de una expresión que se escucha con frecuencia. La cual, lastimosamente, se ha convertido en una *frase de cajón* y ha perdido el gran valor que posee: "El *AMOR* es la fuerza más poderosa del universo".

No existe vocabulario suficiente para describir el *amor*, aunque, casi todos podemos dar testimonio del vigor y el regocijo que genera.

Uno de los estados más especiales, en la época de juventud, se da cuando por primera vez la mente se vuelve consciente de lo que el corazón experimenta. De repente, en el instante que estamos compartiendo con alguien, nuestro ser se va transportando a un mundo que nos brinda calma y equilibrio. Es como si los sentidos comenzaran a flotar y a percibir cosas más allá del entorno.

Nuestros ojos ven elementos hermosos que nunca habían visto... nuestros oídos captan armonías que no se habían escuchado... nuestra piel descubre sensaciones que jamás hubiéramos imaginado. Y el corazón alberga una alegría difícil de sobrepasar.

"Buuhalaa... estamos enamorados."

Nuevamente comenzamos a entrar en un ambiente mágico. Lleno de aspectos que fluyen naturalmente y nos hacen sentir confortables, tales como ternura, espontaneidad, humor, cordialidad, entusiasmo. Y cantidades de otros atributos que convierten cualquier relación sentimental en perfecta.

Y es que el *amor* es perfecto; sin embargo, cómo hemos los seres humanos distorsionado no sólo el sentido de éste, sino la manera en que lo vivimos.

Se nos olvida que el amor es la energía o materia prima con que fue creado el universo, y es inherente a nuestra especie. Desde el instante que iniciamos la vida, somos, experimentamos e irradiamos esta elevada emoción. Y solamente tenemos que pensar en la imagen que proyecta un bebé recién nacido, para comprobarlo.

El amor nace con nosotros... vive en nosotros. Nunca se ha ido... nunca ha llegado.

Infortunadamente, a medida que vamos creciendo, muchas costumbres, pensamientos y otros factores inapropiados nos van alejando y negando el placer de percibir lo que realmente somos. Y cuando conocemos a alguien que nos remonta de nuevo al dulce estado del amor, nos confundimos y pensamos que este *ser querido* es la fuente real de nuestro placer. "O como cuenta la leyenda: fuimos atravesados por la flecha de Cupido, que nos embriaga temporalmente con su pócima mágica".

Debido a ésto, el día que nuestra *media naranja* se aleja, permitimos que se esfume toda esa corriente embrujadora y el estado acogedor en el cual habíamos entrado. Experimentamos un gran vacío que origina sentimientos muy opuestos. Tristeza, desasosiego, humillación, rabia y hasta odio son las nuevas condiciones que pueden entran a formar parte de la situación.

Sentimos el impulso de buscar a la pareja y tratar de retenerla a cualquier costo, pues, supuestamente, su compañía nos llevará de vuelta a estar bien.

"El amor, se transforma en posesión."

Quizás, las capacidades y cualidades que admiramos en el compañero(a) no las vemos en nuestra personalidad y dudamos que podemos adquirirlas. Nos aferramos ciegamente, buscando seguridad y protección, con pavor de perder ese soporte.

"El amor, se convierte en dependencia."

O tal vez cuando la auto-estima es tan baja, que no nos consideramos dignos de ser amados ni por nosotros mismos, fácilmente nos volvemos marionetas de cualquiera que nos exprese cariño, así sea a costa de irrespeto o maltrato. Y el valor propio, que algún día tuvimos, más bien queda a disposición del otro.

"El amor, se vuelve sombra."

Debemos entender que el amor no se adquiere, solamente se comparte: "Tú y yo nos enamoramos realmente, cuando dejo fluir el amor en mí y lo comparto con el amor que dejas fluir en ti. No hay posesión ni dependencia ni sombra, pues no existe el miedo de perder esta hermosa emoción que circula en nuestro interior y, jamás, nadie no la puede quitar".

A ninguna persona le podemos colocar el peso ni la responsabilidad de hacernos felices con su amor. Y mucho menos culparla si, algún día, su corazón ya no vibra al lado nuestro. Además, si por circunstancias desafortunadas, el ser amado ya no nos acompaña en este plano físico; deleitémonos con los recuerdos lindos compartidos, y no nos sumamos en la ausencia de algo que aún vibra en nuestra alma.

El amor fluye a través de todo lo que existe y nos colma constantemente. Por ello debemos sentirnos enamorados de nosotros mismos... enamorados de alguien especial que con respeto y honestidad quiera compartir nuestra vida, así sea por un corto tiempo... hechizados por los niños, la familia, los amigos... seducidos por el aire, el sol, el agua, el viento.

"En esta etapa de mi camino aprendí que cuando somos conscientes del *amor real* y lo integramos en todos y cada uno de los aspectos de la existencia, es cuando percibimos la conexión auténtica con la energía creadora que cobija nuestro ser. Es cuando, en realidad, nacemos."

VI
¿Depresión?

La insaciable búsqueda por encontrar la causa de mi aflicción continuó con grandes cambios y caídas emocionales. Pero, gracias a Dios, el soporte interno todavía me brindaba algo de claridad para tomar decisiones importantes referentes al porvenir; como el día que mi corazón supo que el muchacho con el que acababa de tener una agradable conversación, sería, en un tiempo no muy lejano, la persona para compartir mi futuro en pareja y el padre de mis hijos.

Sentí miedo, no puedo negarlo. Sin embargo, mantuve la confianza de que era el camino correcto y la hora apropiada para consolidar una relación. Y así fue como a los veinticuatro años de edad, de vuelta en mi país de origen, y después de una alegre y hermosa recepción, me convertí en *la señora Patricia*.

Había encontrado a alguien seguro de sí mismo, dinámico, alegre y, sobre todo, con unas ganas de vivir contagiosas. Llenos de juventud y cargados de sueños, emprendimos la difícil tarea de colocar en equilibrio dos mundos independientes, completamente diferentes y demasiado obstinados.

Disfrutando de todas las cosas lindas que puede generar el encontrarse con la persona amada, en lo más profundo de mi alma permanecía una leve esperanza de que por fin yo fuera a estar bien. Bastante difícil se convirtió el seguir ocultando la desagradable condición, pues ya no tenía una habitación para mi sola donde lograra refugiarme como antes; ya no era completamente independiente, como durante mis años de estudio; ya mi confidente y compañero dejó de ser la *vocecita interna,* cuando comencé a apoyarme en mi nuevo consorte. Y ahora las presiones externas se intensificaban.

¿Cómo seguir ocultando o justificando actuaciones que parecían absurdas ante los ojos de cualquiera, incluidos los míos: el encerrarme a llorar en un clóset, sin querer salir a atender las amistades que habíamos invitado para una fraternal velada; el sentirme paralizada al escuchar los planes de asistir a reuniones sociales; el quedarme tirada en la cama todo el día, con una pesadez aniquiladora y en el fondo una inmensa culpabilidad; o quizás cuando, frecuentemente y sin razón justificada, se apoderaba de mí un deseo "inexplicable" de golpearme la cabeza contra las paredes?

Qué tan incomprensible puede ser escucharle a alguien, que no le encuentra sentido a nada; que no sabe lo que quiere ni para dónde va; que no ríe ni sueña; que le es imposible describir con claridad sus sentimientos. Y para completar, aunque ama y agradece todo lo que tiene, no desea vivir.

El tratar de defender lo poco bueno que veía en mí y el buscar alguna excusa para dar razón a mis *anormales* actuaciones, generaba constantes disputas conyugales y un ambiente alejado de lo que podríamos llamar armónico. Toda esta situación revivió la época de mi adolescencia y adicionó una carga más pesada que nunca; al sentir, por primera vez, que mi comportamiento no sólo estaba destruyéndome, sino que también afectaba, directa y profundamente, a mi compañero.

¡Y éso menos lo lograba soportar!

De nuevo me encontré sumida en el estado que odiaba... de nuevo perdí las pocas fuerzas que, en algún momento, hubiera cogido... de nuevo, me invadió el ansia de dar el paso aterrador que en días pasados hubiese dado, y del que milagrosamente pude salvarme.

Por fortuna, aunque la conexión con la *voz* se encontraba bastante mermada, logré tomar fuerzas para tratar un camino, no tan devastador, pero aún drástico. Decidí visitar un siquiatra para que hiciera lo último que estaba en mi repertorio de soluciones: "colocarme una camisa de fuerza y encerrarme en un sanatorio. ¿Qué más? Al final, seguía creyendo que estaba loca y sin remedio".

Así, continuó la historia.

Escogí al azar lo que yo consideraba en ese entonces como un especialista en "locos", y pedí una cita. Hoy recuerdo la sensación tan extraña que tuve al entrar a un oscuro consultorio, con un personaje pintoresco en su apariencia, que me esperaba al otro lado del escritorio.

Al oír la pregunta usual de los médicos: "¿Cuénteme qué le pasa?" Mi ser se envolvió en un gran suspiro y un silencio desalentador.

Cómo contestar el interrogante que me venía haciendo durante tantos años, y para el cual no tenía una respuesta. Cómo explicar *¿Qué me pasa?* ¿Por dónde empiezo? ¿Cómo poner al descubierto las cosas horribles que habitan en mí, y ¡jamás! me he atrevido a contarle ni a las personas más allegadas? ¿Cuánto tiempo voy a necesitar para narrar todo lo que padezco? – pensaba.

Presintiendo que ésta era la última oportunidad con la que contaba, comencé a hablar. Sin embargo, creo que pasaron sólo cinco minutos de estar describiendo mí complicada posición, cuando el doctor interrumpió:

- "No se preocupe. Yo sé lo que usted tiene y es muy fácil organizarlo."

Quedé asombrada; creí que mis oídos estaban fallando.

- ¿Cómo así? – cuestioné, con un tono de sorpresa.

- "Usted lo que tiene es DEPRESIÓN." – dijo el doctor.

- ¿DEPRESIÓN? - pregunté.

- "Sí. DEPRESIÓN. ¿Nunca había escuchado ese término?"

- NO. - contesté.

- "Usted padece de una condición llamada Depresión. Ésta tiene varias maneras de manifestarse, y la suya estaría catalogada como Maniaco Depresiva. Yo le voy a mandar unas pastillas y en una semana usted va a estar bien." – asintió el médico. El cual abrió un cajón del escritorio y sacó una cajita con la medicina.

En ese instante sentí un impacto tan fuerte, que hubiera sido más fácil ser aporreada con un bate en la cabeza. De nuevo, no lograba entender lo que estaba escuchando. Y sin querer, como algo inusual, de mi boca salió una carcajada.

- "¿Qué pasa?" - preguntó él, con asombro.

- Usted me está diciendo que algo con lo que he estado lidiando durante tanto tiempo y en donde he puesto toda la voluntad propia para combatirlo, ¿Va a desaparecer en una semana con unas simples pastas? – cuestioné, de una manera burlona.

- "Señora, le voy a ser sincero. Cuando usted entró por esa puerta, yo no pensé escuchar lo que me acaba de decir. La situación que usted ha vivido, por lo general, arrastra a la gente a caer en   estados de alcoholismo, drogadicción, desordenes alimenticios o reclusión en hospitales siquiátricos. No entiendo cómo ha logrado evadir cualquiera de estas condiciones y, todavía, lucir, a simple vista, como una persona normal."

- Doctor, con todo respeto. – pregunté ya más seria - No estamos hablando de un dolor de muela, que logra calmarse con analgésico. ¿Cómo me va usted a decir que unas "píldoras" transformarán mi manera de ser, pensar y sentir?

- "Ya veo. – expuso el siquiatra, con una leve sonrisa - usted duda en la eficacia de la medicina, y no la va a usar. Entonces hagamos un trato. Me va a prometer que, por lo menos por siete días, se la tomará sin suspenderla y esperará a ver cómo se siente. Hágalo por mí; si no lo quiere hacer por usted."

"Esta droga se debe acomodar a cada paciente con una dosis específica. Yo le mando inicialmente una cantidad determinada, pero, si no se mejora o se siente peor, hay que variar la dosis o combinarla con otra prescripción.

Tranquila, le aseguro que va a estar bien."

- ¿Y, si acepto, por cuánto tiempo tendría que tomarla? – pregunté.

- "Indefinidamente." – contestó él.

No sabía qué pensar ni encontraba qué decir. Alguien, por primera vez, me estaba dando una solución al problema; sin embargo, era difícil asimilar que yo tenía una especie de *enfermedad*, junto con muchas otras personas, y que la única solución era consumir medicamento, quizás, el resto de mi vida.

Sin otra opción y poco entusiasmada, decidí aceptar el trato.

Conseguí las supuestas ¡*pepas mágicas!* que arreglarían la circunstancia. Los primeros días caí en estados terribles y peores que antes. Pero como había prometido, llamé al doctor; el cual me prescribió otra medicina para combinarla con la primera.

Para mi asombro comencé a sentir mejoría en cuestión de una semana, como estaba pronosticado. Mi cuerpo recuperó gran parte de su energía y se percibía menos pesado. La ansiedad y angustia fueron desvaneciéndose, y la tristeza ya no marcaba mi cara de una manera tan brusca. Además, como una bendición del cielo, los dolores de cabeza desaparecieron.

Al menos el duro término de "LOCA" había cambiado por "DEPRESIVA", brindándome algo de alivio y esperanza. Esperanza otra vez... esperanza de encontrar la solución... esperanza de que, finalmente, mi vida cambiara.

Por mucho tiempo me estabilicé y no puedo negar que los medicamentos disimulaban, de alguna manera, mi estado. Pero cantidades de síntomas seguían latentes, y los pensamientos existencialistas continuaban bombardeándome.

Con mucha tristeza, sin lograr entender el verdadero sentido de lo que estaba sucediendo, mi tortuoso camino tampoco terminó aquí. Aunque el peso que llevaba a cuestas se aligeró, todavía necesitaba vivir *muchas* cosas y entender *muchas* otras, para poder encontrar los elementos efectivos que atacarían el problema de raíz...

Reflexiones de Mi Experiencia...

Durante este período volqué mi interés a todo lo referente a la Depresión y comencé a formarme una idea general del tema.

Comprendí que, no hace mucho tiempo atrás, la medicina había catalogado la Depresión como una enfermedad o trastorno. Afirmando que podía tener su origen en un desequilibrio de algunas sustancias bioquímicas cerebrales, causando inestabilidad en el comportamiento y el ánimo de los afectados. Que podía adquirirse por herencia genética, y, así se lograra controlar, era casi imposible de curar.

Utilizando términos como bi-polar, maniaco-depresivo, depresión crónica y otros, generalmente el tratamiento de la Depresión se reducía al consumo de medicamentos. Y en casos severos, se llegaba a utilizar métodos extremos, como la terapia electro-convulsiva, que induce "electrochoques" al cerebro del paciente.

Eventualmente, una gran variedad de productos comenzaron a ser promocionados en el mercado; unos prescritos, y otros, denominados "naturales", que supuestamente inducen la *felicidad*. La Psicología también ofrecía algunas terapias, pero generalmente a largo plazo y como complemento al consumo de los fármacos.

A pesar de toda esta información, no había mucha claridad en la descripción, verdadera causa y tratamientos que fueran efectivos para acabar de raíz esta molesta condición. Así que, basada en todos los años de experimentarla, decidí ir formando un concepto propio que me llevó a describirla de la siguiente manera:

Pareciera que la Depresión es el conjunto de manifestaciones negativas que van apareciendo en los diferentes aspectos de la persona; y, paso a paso, afectan no sólo el desarrollo individual, sino la forma de interactuar con el resto del mundo.

Algunos de los síntomas pueden ser:

- Tristeza y amargura
- Constante deseo de llorar
- Angustia
- Miedo
- Susceptibilidad
- Irritabilidad
- Cambios bruscos de estado de ánimo
- Opresión en el corazón
- Sueño constante o Insomnio
- Poco apetito o Ganas de comer desmesurado
- Pérdida de memoria y concentración
- Agotamiento y falta de interés para realizar cualquier tipo de actividad física
- Inapetencia sexual o Sexualidad desmesurada
- Indisposición general sin causa específica
- Frecuentes dolores de cabeza o migrañas
- Desesperanza y auto-rechazo
- Tendencia a magnificar los inconvenientes
- Aislamiento
- Pensamientos pesimistas y de culpabilidad
- Deseos de morir y, muchas veces, acciones suicidas

Un cuadro depresivo puede expresar solamente algunos de los síntomas o, por el contrario, la mayoría de ellos. Se dan en diferentes grados de intensidad -en una escala de suave a muy intenso– y es frecuente el paso de un nivel a otro. Así en un momento dado un síntoma leve aumenta rápidamente a condiciones extremas. O de una expresión positiva se pasa bruscamente a una negativa.

"En cuestión de segundos, una pequeña tristeza se vuelve una profunda amargura o una gran alegría, en llanto."

Yo dividiría la Depresión en dos grupos: la Justificada y la No Justificada.

a- Depresión Justificada: El mismo nombre lo dice todo. Es una Depresión causada por acontecimientos traumáticos que empuja o *justifica* el caer en emociones funestas, como: afrontar la muerte de un ser querido, exposición a maltrato físico, quedar lisiado o enfrentarse a una enfermedad grave, una bancarrota, una decepción amorosa o el entrar en etapas de gran cambio como la adolescencia y la vejez.

En la *Depresión Justificada* es fácil identificar el origen o la causa por la que se está produciendo. Y lo más característico es que el individuo, poco a poco, recupere su disposición natural de vida; ya sea con ayuda profesional o, simplemente, gracias a la mano tranquilizadora del tiempo.

b- Depresión NO Justificada: Ésta es bastante común, y yo diría, que es la que más afecta a la sociedad moderna. Sin importar la raza, el sexo o la edad, día a día y en cada rincón de nuestro planeta, son millones los seres que caen en estados depresivos sin tener claridad del origen o el motivo que los produce.

Lenta y sutilmente los síntomas negativos empiezan a entrelazarse en el diario vivir, afectando el equilibrio emocional y físico de las personas. Muchas son conscientes de esta situación y, aunque, a veces, encuentran factores externos que "quizás" ameriten sus sentimientos y dolencias, casi siempre aparecen injustificables.

La depresión *No Justificada* es difícil de identificar y solamente es tratada cuando se llega a los extremos. Mientras tanto, y lastimosamente, la mayoría de gente enfrenta niveles bajos de Depresión que les impide reconocer que existe un problema; pero ocultamente les va dañando el funcionamiento físico, la percepción del mundo y el desempeño social, de una manera reincidente.

Por esto es tan común escuchar frases como: "Yo soy un malgeniado y nunca voy a cambiar", "Tengo mala suerte", "No logro encontrar un rumbo para mi vida", "Es imposible ser feliz", "Soy un fracasado", "No le encuentro sentido a nada".

Ahora bien, si ponemos buena atención, lograremos percibir que la *actitud depresiva* siempre ha acompañado al ser humano. En el transcurso de la historia, cantidades de personajes dieron fin a su existencia en momentos de desesperanza y confusión; variados filósofos de la antigüedad brindaron sus mejores palabras para describir la melancolía; otros vivieron unas vidas turbulentas, que llamaron *existencialistas*; y algunos son recordados por haber muerto de *tristeza,* envueltos en grandes penas de amor.

Todo ello nos puede llevar a pensar que es algo natural ver gente conflictiva y llena de tropiezos; con dolencias, poca actitud de vivir y una capacidad casi nula de disfrutar lo que hacen. Y hasta creeríamos que el verdadero papel de la humanidad es de sufrimiento, angustia y dolor; que es nuestra esencia y hay muy poco por hacer; que el único camino es, sencillamente, seguir aguantando esta larga existencia, con la esperanza de que llegue pronto su fin.

Por fortuna para mí nada de eso tenía lógica. Así como no tenía mucho sentido que llamaran "enfermedad" a una condición que presenta un rango tan amplio en síntomas; tan variables y contradictorios. No era fácil aceptar que un alto porcentaje de la humanidad sufriera del mismo "trastorno" durante toda su historia. O cómo explicar el por qué una gran cantidad de habitantes de países que enfrentan inviernos fuertes y prolongados se ven afectados por estados depresivos, pero, curiosamente, van mejorando a medida que el clima se calienta. O que una madre caiga en emociones de extrema tristeza después de un parto. O que seres tan especiales como los *niños* sean diagnosticados con Depresión, pues han ido perdiendo la pasión de vivir.

Mi corazón me decía que faltaba algo que no estábamos entendiendo… algo más allá de las explicaciones convencionales… algo que, tal vez, habíamos dejado atrás en la evolución… algo que había que continuar buscando, para lograr recuperarlo.

"En estos años de mi camino, entendí que los estados depresivos son circunstancias comunes de nuestra especie. Sin embargo, no los estamos comprendiendo por completo ni tratando de una manera efectiva, permitiendo que sigan atropellando nuestras vidas y empañando nuestros destinos."

VII
Maternidad
Contradictoria

Para este momento, el haberme enterado de muchas cosas acerca de la Depresión, alivió una parte del peso que traía a cuestas. Además, como nunca antes, y cada vez con más frecuencia, empecé a escuchar de otros individuos que también enfrentaban esta perturbación.

"Era como si estar *depresivo* se hubiera puesto de moda."

Aunque mantenía una especie de sombra que me opacaba, los medicamentos que estaba tomando lograban estabilizarme y relajarme un poco; permitiendo llevar mi vida lo mejor posible entre el trabajo y el matrimonio.

La conexión con la voz interna permanecía bastante debilitada, pero recuerdo un momento muy especial, cuando en mi mente apareció una afirmación determinante que decía: *"Estás lista... lista para ser madre"*.

Era imposible. Si a algo le tenía yo miedo era a eso; a ser madre. Es más, en muchos momentos de amargura, había determinado nunca serlo. ¿Cómo podía tener la responsabilidad de otra persona si ni siquiera era capaz de sobrellevar mi propia vida? ¿Cómo iba a traer seres inocentes a compartir una existencia llena de dolor y angustia? ¿Cómo el universo me decía que yo estaba lista para ser madre? Como siempre, me llené de miedo y confusión.

Inmediatamente en mi pensamiento aparecieron imágenes de personajes con grandes barrigas, caminado de *señoras patas* y actitudes extremas de antojos, a media noche, que enloquecen a los maridos. Y los inconfundibles nuevos padres, con caritas de embeleso; sobrecargados con maletines, teteros, pañales, coches y todo el trasteo inevitable para salir a flote en la complicada tarea de tener un bebe.

- "¡No! Yo no estoy lista" – afirmé.

Sin embargo, acompañada por un gran silencio, me envolvió una linda y sutil energía difícil de describir. Con una gran paz interna fui adquiriendo una seguridad y un convencimiento de que, efectivamente, había llegado mi hora y muy pronto engendraría.

Y así fue como –a los 27 años de edad– me embarque en otra aventura, con mucha tranquilidad y alegría para todos. Con nueve meses de barriga, caminado de *doña pata*, afortunadamente pocos antojos y un parto con varios sobresaltos, me convertí en mamá.

Solamente una mujer, que ha pasado por la maternidad, puede entender la emoción tan grande que produce el sentir a un pequeñito creciendo y moviéndose, inquietamente, en nuestro vientre. Ésto despierta el instinto maternal –aunque esté dormido– y esfuma cualquier sentimiento contrario al amor, dulzura y asombro.

Se experimenta un miedo, que no es miedo; un dolor, que no es dolor; una fuerza tan especial y poderosa, que definitivamente nos sigue comprobando que *sí* hay algo más allá en el universo que genera la corriente en la cual fluye nuestra barca.

Para ser honesta, nunca pensé sentirme tan feliz de tener mi hijita en brazos y de ser testigo de la dicha que causó en el corazón de toda la familia. Y menos imaginaba que, después de cinco años, de nuevo palparía esa misma emoción, cuando di a luz a otro pequeñito.

Hoy, como siempre, doy gracias a Dios el haberme permitido vivir el milagro de la procreación.

Lastimosamente, la montaña rusa de la vida, después de estar en lo más alto de la estructura, vuelve y cae con una potencia tan grande que aterroriza y casi siempre inmoviliza. Debido a la gestación y por varios motivos que no recuerdo claramente, debí suspender los medicamentos de la Depresión. Y por supuesto, combinado con la gran alegría que disfrutaba, cantidades de síntomas negativos volvieron a aparecer, mucho más aplastantes que antes.

En el embarazo, el cuerpo femenino no sólo sufre una transformación externa, sino que internamente debe desplazar cantidades de órganos vitales para dar espacio al nuevo ser. El bebe necesita absorber todo el alimento que su progenitora pueda proporcionarle y toda la energía que ella tenga disponible, así sea la necesaria para su propia estabilidad.

Un pequeñín que va creciendo en nuestras entrañas; se alimenta y respira gracias a nosotras; se protege a través de nosotras; y además, al momento del nacimiento, se lleva parte de nosotras.

Por esto, después de un proceso de parto, es común que la mujer sufra un gran desequilibrio, especialmente en su parte emocional. Así aparece el nerviosismo, la susceptibilidad, las ganas de llorar constantes y una fuerte tensión, originadas por los requerimientos del recién nacido; sin contar la confusión que el inédito cambio produce en el ambiente familiar.

Hoy recuerdo la angustia que sentíamos mi esposo y yo al no saber qué hacer para darles un buen cuidado a nuestros chiquitos. Tratando de leerles la mente para saber por qué lloraban. Y cuando nos fallaba el instinto de padres, les dábamos comida cuando tenían frío y los cobijábamos cuando tenían hambre.

Reapareció el temor y una sensación de impotencia de entender el mundo de mis niños. Me encontraba cansada y sin energías para seguir el ritmo de actividad que ellos manejaban. La irritabilidad y la impaciencia volvieron a marcar mi comportamiento. Se formó una paradoja; una contradicción. Pues estaba feliz de tener mis hijos, pero, a la vez, me agobiaba el estar todo el día dedicada a la laboriosa tarea de ser madre. Pensaba que después de haber logrado empezar a gozar la vida en muchas facetas, ahora estaba reducida a cuatro paredes; dedicada al juego infantil y forzada a usar una psicología bastante ajena de mi conocimiento.

Durante muchos años, en el proceso de su acelerado crecimiento, me fue difícil crear un entorno tranquilo para los niños. A toda hora trataba de acomodarlos a mi ambiente, pues era incapaz de ajustarme al de ellos.

No quería sentirme sobrecargada con la responsabilidad, pero lo hacía. No deseaba estar de mal genio a toda hora sin saber por qué, pero buscaba excusas constantes para poder desahogar la frustración. No quería pensar que ya no contaba con el tiempo para lograr muchas cosas en mi parte personal o laboral, pero, reiteradamente, me lo cuestionaba. Y mucho menos, deseaba seguir sintiendo esa *angustia existencial*, pero ésta permanecía en el corazón sin esperanza de arrancarla.

En repetidas ocasiones tomaba las medicinas para aliviar un poco la ansiedad, más no era suficiente. La relación de pareja empeoraba. El comportamiento de mis hijos comenzó a transformarse en defensivo, desobediente y rebelde. En general, el ambiente se percibía pesado y tirante.

Me martirizaba el ver que había involucrado en este estado tormentoso –como yo temía– no sólo a mi compañero, sino a mis dos *adorados tesoros*. Y, solamente por el amor y el respeto hacia todos los seres queridos, continuaba la lucha ardua por sobreponerme a las circunstancias.

Sacaba fuerzas para ser buena hija… fuerzas para ser buena madre y esposa… fuerzas para vivir.

En lo más profundo del alma permanecía un leve sentimiento que me incitaba a seguir buscando la solución al problema, aunque con bastante desengaño. Lo que no imaginaba era que el universo volvería a actuar en mi rescate. Y, muy pronto, comenzarían los grandes cambios positivos, anhelados durante tan largo tiempo…

Reflexiones de Mi Experiencia...

Durante estos años, y a pesar de mi agotadora situación, comprendí que cada etapa del camino trae una enorme y particular enseñanza.

Si existe, por valor propio, algo que se presenta como la más completa y enriquecedora vivencia para nosotros los humanos, es la de ser padre o madre. Y cuando me refiero a *ser padre o madre*, no solamente debemos pensar en las personas que físicamente engendran un bebe, sino las que, de alguna manera, están a cargo de pequeñitos y comparten con ellos la gran aventura de su desarrollo.

Criar niños implica poner a prueba aspectos como abnegación, disciplina, dedicación y responsabilidad. Criar niños también nos da la maravillosa oportunidad de entrar en contacto con las criaturas que irradian la verdadera esencia de nuestra especie, y nos hacen caer en cuenta de lo lejos que los adultos podemos encontrarnos de ésta.

Es la diaria interacción con los chiquillos la que coloca al descubierto todas las herramientas importantes que hemos ido dejando atrás en el crecimiento. Son ellos los únicos que contrastan con las actitudes adquiridas que nos someten a vivir un mundo tan diferente del que deberíamos. Son ellos, y solo ellos, los que comprueban lo incapaces que nos hemos vuelto de reír, soñar, amar, expresar, compartir; y, sobre todo, de buscar la felicidad con curiosidad y empeño.

Muchas veces los padres tratan de evadir la crianza de su prole, cobijándose con la excusa del trabajo o sus actividades individuales. Pero cualquiera que por insensatez se quiera saltar la tarea de convivir y educar críos, tarde o temprano la vida los enfrentará a hacerlo con sus propios hijos o con ajenos; pues, esta experiencia es un requisito universal en nuestro proceso de evolución.

Y lo anterior no debe sonar como una amenaza para aquellos que se alejan de ser buenos padres, sino para darse cuenta que aunque la maternidad/paternidad sea uno de los sucesos experienciales más complejos, debemos de enfrentarlo con entereza y agradecimiento. Igualmente, es una esperanza para los individuos a quienes en este estado físico o material, no se les presente la ocasión de compartir con niños, así fuera su anhelo; pues pueden estar seguros que en otra de las fases siguientes de la existencia, el universo les brindará un *segundo chance* de vivirla y aprovecharla.

"Durante estos años entendí que entre más lejos estamos de la esencia original, más chocamos y nos distanciamos de los pequeños. Y entre más queremos obligarlos a cambiar su naturaleza auténtica y peculiar, más los arrastramos, junto con nosotros, a adentrarse en la enmarañada jungla de esta sociedad confundida."

VIII
El Inicio
del Cambio

Usualmente, al experimentar hechos que nos impactan con fuerza, es cuando más cambios significativos se producen en nuestros pensamientos y emociones.

La lucha por combatir los aspectos negativos que me envolvían continuaba. Y fue precisamente, mucho después de los 30 años de edad, que, como siempre, desesperada por encontrar soluciones, viví un acontecimiento relevante para el inicio de mi gran cambio.

En un momento determinado, me deje convencer por una joven "vidente" que la voz que yo escuchaba y toda mi azarosa condición eran originadas por un espíritu dañino; que obsesionado conmigo, influía para que me quitara la vida. Y aunque, en lo más profundo de mi alma, yo sabía que ésto no era verdad; en medio de la desesperanza, acepté ser parte de un ritual de limpieza que supuestamente acabaría con todo.

Así fue como terminé rodeada de varias personas en un cuarto pequeño y sencillo, lleno de cruces, velones, imágenes de santos y muchas otras piezas relativas a la santería. Después de unas lindas palabras de introducción, comenzaron a darse eventos extraños. Como la transformación de voz y de comportamiento del joven que estaba a cargo del suceso; pues, al parecer, el espíritu lo estaba controlando.

Fuerzas imperceptibles hicieron volar objetos por el aire y sacudieron repetidamente al muchacho; golpeándolo, con violencia, contra las paredes del recinto. Luego transmitió insultos y actitudes amenazantes. Y entre gritos y llanto, se dieron otros cuantos sucesos que se salían de toda comprensión; creando un sentimiento de pánico y desorientación. Al final, el joven, casi desmayado, quedó tirado en el piso.

Por fortuna, más adelante, el ambiente de tensión fue disminuyendo, cuando la conducta del chico volvió a la normalidad. Aparentemente el indeseado espíritu había perdido la batalla y se marcharía para siempre, dejándome libre de todas y cada una de mis aflicciones.

Esa noche volvimos a la casa de la vidente y una de sus compañeras canalizó las energías de varios seres que transmitieron mensajes hermosos acerca de mi situación. Brindándome una emoción mucho más tranquila a la que tuve en horas anteriores.

Todo lo sucedido era tan confuso e insólito que quedaba la gran duda si fue real o quizás una película de terror. Traté entonces de buscar una explicación con representantes de variadas religiones y algunos conocidos. No obstante, las opiniones y recomendaciones resultaron tan contradictorias y absurdas que empujaron mi condición al extremo...

al extremo de sumirme en una crisis nerviosa que me arrastró a la sala de urgencias de un hospital, donde gritando y pataleando empujaba a las enfermeras para impedir que me inyectaran calmantes.

Para acabar de componer, por primera vez, mi lamentable estado se hizo evidente ante los demás. La máscara había caído; el secreto había sido revelado. Me dolía imaginar que todos comenzaran a percibirme como una persona desequilibrada y para la cual no existía ningún remedio. Sin embargo, el apoyo incondicional de mis seres queridos, me ayudó enormemente a retomar las fuerzas para seguir mi heterogéneo camino.

En la gran búsqueda de una solución para mis episodios depresivos, ésto era lo más *"radical y descabellado"* que hubiera intentado. Y, por supuesto, tampoco fue la respuesta al problema. Pero, sí, me dio la base para mirar diferente la conexión que poseemos con otro tipo de energías y estar más abierta a recibir el regalo que estaba por llegar a mis manos.

Y no creo tener un término mejor que *regalo* para darle al libro que apareció en mi casa, por circunstancias particulares, después de estar más de una semana en reposo e implorándole piadosamente a Dios que me ayudara.

"El Libro de Urantia" es un ejemplar de más de 2.000 páginas y casi 200 documentos, considerado como la última y una de las más grandes "revelaciones" dadas a la humanidad. Transcrito a mediados del siglo XX, esta magistral obra describe el origen, composición, distribución y propósito de todo el universo.

Con él, entendí la controvertida historia de nuestro planeta; las razones por las que erróneamente pensamos que somos los únicos en la inmensidad del espacio; la infinidad de entidades que forman parte del complejo engranaje celestial; todos los circuitos energéticos que nos conectan con el cosmos; los diferentes estados de conciencia que vamos adquiriendo en nuestro progreso vivencial; y el importante papel del ser humano en su carrera evolutiva. Además, de cientos de otros temas fascinantes que saciaron mi apetito de conocimiento.

Miles de preguntas, por fin, tuvieron respuestas completamente lógicas y convincentes. Cantidades de mis conceptos fueron reforzados y planteados como valederos. Y muchos otros nuevos, que jamás hubiera considerado, entraron a formar parte de mi repertorio.

Pero, entre toda esta asombrosa información, hubo algo que me tocó profundamente; la descripción del elemento espiritual –no personal– más elevado con el que pueden entrar en contacto los seres humanos: *el Ajustador de Pensamiento*. Llega directamente de la energía de Dios a habitar en la mente de cada persona, en los primeros años de la niñez, cuando se toman las primeras decisiones morales. Cargado con información exclusiva, tiene la capacidad de asociarse con el intelecto del morador que se lo permita e ir nivelando, ajustando y elevando los conceptos de pensamiento. Incluso posee la aptitud sagrada de guiarnos sabiamente para que logremos desarrollar nuestra vida y continuar la evolución espiritual de la mejor manera.

Lo más particular fue la explicación de cómo el encuentro, consciente, entre la razón humana y este *monitor divino,* da inicio a un "dialogo" que acomoda las ideas lógica y progresivamente. Sin embargo, cuando conceptos preconcebidos y erróneos de la persona interfieren en el completo entendimiento de las nuevas ideas que envía el Ajustador, se puede entrar en estados de gran confusión.

Tal vez ésto era uno de los *eslabones perdidos* que andaba buscando. A lo mejor yo no tenía ningún espíritu dañino que me quisiera arrastrar, o no estaba jugando con un amigo imaginario como lo hacía de niña. Quizás, este ajustador especial y único – combinado con otros componentes que ayudan al progreso mental– era la misteriosa *voz* que residía en mí, hace ya tanto tiempo.

Al encajar completamente con mis vivencias, todas estas ideas, fueran o *no* ciertas para los demás, inmediatamente se convirtieron en mí verdad. Consideré que la "vocecita interna", que intenté apagar en algún momento, era más bien una gran aliada y debía *reconectarme* con ella. Y tuve la esperanza que, ahora sí, estaría más preparada para asimilar las conversaciones.

¡Y lo más regocijante era asegurarme que yo no estaba loca !

Lo primero que hice fue retomar la costumbre de buscar ambientes tranquilos y agradables, para, frecuentemente, entrar en contacto no sólo con mí ser, sino con las lindas energías cósmicas. No fue fácil desempolvar algo que se había sumergido en las telarañas del olvido durante más de cinco años, y fueron muchos los días en que predominó un gran silencio.

Hoy recuerdo una noche que acompañaba a mi hijita para que se durmiera. Y cuando estaba a punto de unirme a ella en el mundo de los sueños, algo retumbó en mi mente que me hizo sobresaltar:

- *"¿Te acuerdas, hace varios años, cuando te pedí que en una hoja de papel escribieras quién querías ser?"* – *la voz dijo.*

- Sí. – contesté, con una gran emoción.

- *"Ahora, te pido, como en ese entonces, que escribas: QUÉ QUIERES LOGRAR EN TU VIDA."*

- Yo realmente no sé que deseo. – comenté, asombrada.

- *"Si no sabes qué quieres. Por lo menos puedes identificar qué es lo que no quieres"*

"Mientras conservas la visión de lo que realmente deseas, con tranquilidad y seguridad, permaneces en tu río. Cuando interrumpes la ilusión con miedo y duda del logro, tu vida se desborda sobre las espesas selvas. Establece tus metas y anhelos, e inmediatamente el universo tomará medidas para que puedas retomar tu trayectoria y experimentar lo propio de tu existencia."

"Desde hace mucho tiempo comenzaste a fluir en barcas ajenas. Y aunque se siente confortante y es bastante lo que has aprendido, debes volver a retomar tu exclusivo destino. Recuerda, los caminos de las personas deben ir paralelos; sin interferir unos con otros ni, mucho menos, utilizar el mismo lecho."

"Uno de los propósitos de la existencia es buscar tu propia verdad; escogiendo pensamientos, emociones y comportamientos auténticos que te brinden satisfacción. Y si bien, cada verdad es sagrada, no debes caer en el error de irrespetar a los demás tratando de imponer la tuya, ni tampoco ensombrecer tus experiencias viviendo verdades ajenas. Entiende que fuiste creada para deleitarte con lo que tu alma desea con nobleza. Si no lo logras, es porque te empeñas en negar lo que, puramente, eres. Abre tu mente y corazón. Deja fluir tu esencia original."

"Cuando sostienes la alegría de vivir y disfrutas las cosas sencillas... cuando aprendes a diferenciar lo que eleva tu espíritu de lo que lo mata... cuando comprendes que el sentido auténtico de la vida no es exactamente lo qué se hace, sino cómo se hace. Y solamente cuando expandes la conciencia e identificas lo real, logras la plenitud."

"Reconoces tu verdad cuando te sientes sin miedos, sin dudas, sin vacíos. Pues de lo contrario, puedes estar segura que te encuentras muy lejos de ella, aún."

No lo podía creer. Estaba completamente llena de dicha y gratitud de ver como la energía divina me abrazaba nuevamente. Y después de pensar un rato, afirmé:

- Hay algo que sí quiero: aprender a ser feliz. Anhelo entender por qué me mantengo deprimida, teniendo tantas cosas lindas alrededor. Necesito saber cuáles son las causas reales que me arrastran a sentirme miserable. Y ¿Cómo logro erradicar los sentimientos que me inhabilitan para vivir?

- *"Primero, quiero que entiendas que no se aprende a ser feliz... ¡¡ Se vuelve a ser feliz !!*

Tú naciste con la felicidad dentro de ti y simplemente la tienes que recuperar. Las cosas negativas son un espejismo; las positivas tu realidad. Y tú decides cuales quieres afrontar."

"Segundo, cualquier dato referente a la existencia se encuentra grabado en las corrientes cósmicas. El universo es el mejor maestro que puedas encontrar en el camino de tu aprendizaje; aquel que estimula tu crecimiento y desarrollo. Solo debes conectarte con él y, a su debido momento, obtendrás las respuestas que tanto esperas."

A partir de entonces me di perfecta cuenta de lo equivocada que permanecí durante tan largo tiempo. Y comprobé, en carne propia, que mi *voz interna* nunca me había confundido; yo misma me confundía... que ella nunca me había abandonado; la que le había dado la espalda era yo, y nadie más que yo... que ella trataba de ayudarme a mejorar mi vida, pero yo se lo impedía.

Comencé a entrar en estados meditativos con más frecuencia, e igualmente como cuando estaba jovencita, día a día empecé a recibir información nueva. Por fortuna, yo, ahora estaba mejor capacitada para participar del diálogo libre y naturalmente, sacándole el verdadero provecho.

Era como abrir una llave encima de "mi cabeza" que derramaba chorros de ideas y debían ser procesadas por mi intelecto. Fueron muchos meses de trabajo y cantidades de levantadas en la noche para escribir todo lo que llegaba, ponerlo en orden e interpretarlo en la mañana.

Explicar cómo llegó toda la información es un poco complicado. Lo único que puedo decir es que las ideas nuevas –que fueron introducidas a través de los diálogos– se mezclaron con otras adquiridas a través de los años; además, de otras tantas, que a lo mejor se encontraban con *telarañas* en el *rincón* de mi inconsciente. Al final, todas se juntaron para darme una visión acerca de los estados depresivos muy diferente a la que tenía antes.

Las fichas del rompecabezas que estuvieron desordenadamente dispersas, durante tantos años, se fueron conectando hasta formar una sola imagen. Y un amplio panorama, al fin, pudo ser visualizado.

En los siguientes capítulos trataré de transcribir todo lo que logré asimilar en ese entonces. No será fácil explicar, de una manera sencilla, conceptos tan complejos y, quizás, nuevos para muchos de ustedes. Pero soy una convencida que entre más abrimos la mente al análisis de ideas diversas, es cuando mejor vamos entendiendo los procesos de la existencia; generando cambios regeneradores.

Segunda Parte

Si estás leyendo esta página, quiero *felicitarte*. Has logrado llegar al punto -tan esperado- de entender cómo, no sólo fui capaz de transformar mi vida positivamente, sino cómo tú puedes lograr mejorar la tuya.

Ésta es una perspectiva de los estados depresivos probablemente muy diferente a la que has tenido hasta ahora. No lo sé. Lo que sí sé, es que es una visión particular, natural e integral; y porque no decirlo, mucho más *refrescante* que la tradicional.

Una visión muy "particular", pues, muestra mi propia experiencia para trabajar los distintos aspectos que me afectaban. Una visión "natural", al tomar como base el hecho de que somos criaturas energéticas, con frecuencias individuales que cambian según nuestros hábitos de vida y el contacto que tengamos con el resto de elementos naturales que nos rodean. Una visión "integral", abarcando las tres corrientes energéticas esenciales del ser humano –física, mental, espiritual– y las condiciones que se generan cuando ellas comienzan a salirse de sintonía y a caer en Espacios Decrecientes.

¡Una visión que tuvo un sentido total para mí, y fue la clave, *definitiva e irremplazable*, que me sacó del hueco de la Depresión... al cual nunca volvería !

IX
Entendiendo la Depresión

La Depresión es el conjunto de síntomas y condiciones negativas que vamos adquiriendo a medida que las energías vitales se salen de sintonización, y van entrando a espacios energéticos de vibración más baja que la de nuestra frecuencia óptima o inicial.

Ya sé lo que estás pensando: "¿CÓMO? ¿QUÉ DIJO?"

Pero, no te asustes. Voy a ir explicando de una manera progresiva, y podrás darte cuenta que es muchísimo más sencillo de lo que suena.

Empecemos por lo básico...

Nuestra Energía

Si queremos entender cualquier aspecto referente a la existencia y especialmente al ser humano, hay que tener en cuenta algo muy importante: Absolutamente todo lo que existe es *energía*, manifestada en infinidad de frecuencias de vibración.

Tratar de exponer este tema en términos científicos es un proceso demasiado complejo. Y como yo no soy científica sino una sencilla persona tratando de entender el mundo, intentaré expresarme en una forma elemental y a veces quizás metafórica.

Yo diría que la energía quiere decir "vida"; descrita ésta como el movimiento interno de las partículas más esenciales del universo, llamadas átomos. Todos los átomos tienen un movimiento oscilatorio característico, al que podemos llamar "vibración". Y la vibración se puede dar en diferentes velocidades -por un período determinado de tiempo- creando la "frecuencia".

Entonces, digamos que para producir *vida o energía* debe haber movimiento... debe haber vibración.

Imaginemos el centro del universo como un gran volcán. Por su amplio cráter, constantemente se emana una nube gaseosa, densa y sutil, llamada "Energía Universal". Semejante a una corriente de humo que se extiende lentamente por todo el espacio; como llenando el infinito.

Mientras se aleja del núcleo, y en su largo recorrido, va manifestándose de diversas maneras. Con una frecuencia inicial, sus pequeños átomos comienzan a cambiar gradualmente de velocidad, tamaño, posición y distancia entre ellos. Y, segundo a segundo, se va dando origen a algo nuevo.

Así es como cada objeto, ser vivo, color, olor, textura, sabor, sonido y demás realidades poseen una actividad oscilatoria *única,* que les permite presentar características particulares. Similar a los códigos de barra que identifican los artículos de un almacén o las huellas digitales que determinan la individualidad de las personas.

Todo, absolutamente todo, en el cosmos está compuesto de la misma materia prima, pero expuesta en diferentes frecuencias de vibración. Formándose un enorme *espectro,* donde gradualmente, de las frecuencias altas se va disminuyendo hacia las frecuencias bajas.

Ahora bien, los elementos de composición similar van creando *escalas* más pequeñas, igualmente dispuestas en frecuencias progresivas.

Si observamos una "Degradación Cromática" veremos que cada color tiene su propio lugar –uno al lado del otro– y delicadamente se van transformando los tonos claros en medios, y luego en oscuros. (Ver gráfico No. 1)

Gráfico No. 1

| Frecuencias Bajas | Frecuencias Medias | Frecuencias Altas |

O, por ejemplo, la serie de los sabores comienza con los dulces, pasa por los salados, y llega a los ácidos según su punto de vibración. Los sonidos agudos, medios y bajos se exponen según su propia frecuencia. Los elementos sólidos se forman con velocidades más bajas que los líquidos; los gaseosos mantienen vibraciones altas. Las temperaturas calientes denotan oscilaciones mayores; las frías, unas menores.

Y así podemos seguir indefinidamente la clasificación. Hasta los organismos vivos constituyen una gama; donde algunos animales y plantas se distribuyen en velocidades altas, y otros como los hongos, las bacterias y los virus, se desarrollan en oscilaciones supremamente bajas.

Pues bien, nosotros como personas no somos la excepción en toda esta cadena. Al final de cuentas, también pertenecemos a la magnífica creación y gozamos de gran importancia en este escenario infinito de contrastes.

La especie humana también posee la Energía Universal como su materia esencial y forma una escala propia o mini-espectro. Donde cada individuo ocupa un lugar determinado y privilegiado, con una frecuencia de vibración *exclusiva*. (Ver gráfico No. 2)

Gráfico No. 2

En el momento que somos concebidos en el vientre de nuestra madre, el universo nos asigna un espacio *individual* con una frecuencia *única*;

permitiendo que nuestra energía se manifieste de un modo completamente original.

Efecto "Radio – Antena"

El hecho de que seamos seres energéticos, vibrando en una frecuencia particular, nos permite crear un efecto al cual podemos llamar "Radio–Antena". Tenemos la cualidad de *transmitir* energía hacia el exterior de nuestro cuerpo y, además, de ser *receptores* de energías externas. En otras palabras, somos como unas "antenas de radio" que manejan una *conexión privada* con el resto del universo.

Para entender mejor, vamos a usar un ejemplo:

Pensemos en un aparato de radio sencillo y de tecnología manual o *no* digital. Ésto quiere decir que las estaciones radiales se deben ubicar manualmente, pues, el artefacto carece de "scanner" o buscador automático. O sea, la tecnología que nos tocó a las generaciones pasadas; que hoy, desafortunadamente, parece *antigua* y casi obsoleta en estos tiempos de gran adelanto. (Ver gráfico No. 3)

Gráfico No. 3

El pequeño radio se compone de una *máquina,* que soporta todas las piezas necesarias para poder captar las emisiones difundidas en el espacio aéreo. Un *botón de encendido,* que permite ponerlo en funcionamiento o apagarlo. Una *antena,* que puede producir toda una gama de ondas con diferentes frecuencias de vibración, y a su vez, captar las ondas generadas por las emisoras. La *perilla sintonizadora,* que se puede mover, de lado a lado, para lograr ubicar las distintas estaciones a las que tiene disponibilidad el aparato. Un *altavoz o parlante,* por donde se reproducen las corrientes captadas por la antena. El sistema de *volumen,* que da la opción de escuchar el sonido en diversos niveles de intensidad. Y una *batería o cable eléctrico,* que genera el impulso energético para que todos los elementos anteriores puedan trabajar apropiadamente, y el transistor cumpla la fascinante función de poner a nuestro alcance transmisiones producidas a gran distancia.

Ahora bien. ¡Nosotros, como seres extraordinarios, también nos comportamos de la misma manera que un aparato radial!

Nuestro *cuerpo físico* es como la máquina o el artefacto. Nuestros *pensamientos* cumplen una función de antena, y al crear diferentes tipos de vibración, se conectan con emisiones análogas irradiadas -a través del cosmos- por la Energía Mental. El *libre albedrío* es la perilla que elige y determina las frecuencias universales que queremos sintonizar. Nuestras *emociones* -así como la música que sale por los parlantes- son el resultado de las transmisiones que nuestros pensamientos captan del espacio, en un momento determinado. La intensidad o *libertad* con que expresamos los sentimientos, se puede comparar con el volumen. Y el *estímulo* que podamos darle a nuestro ser, para mantenerlo activo, será como la batería o el fluir eléctrico.

Sintonización

Digamos que la perilla sintonizadora del radio está situada, exactamente, en el número marcado con "96.3 FM"; correspondiente a una emisora de *música clásica*. Al presionar el botón del encendido, la antena comienza a generar una ondulación con la frecuencia señalada; y, de inmediato, se acopla con la onda de vibración equivalente que transmite la nombrada estación. De este modo, cuando las dos señales radioeléctricas de frecuencia exacta se unen, abren un canal aéreo por donde se transportan todas las suaves melodías que serán duplicadas por los parlantes. En la potencia indicada por el volumen del radiecito.

Si la música clásica se escucha nítidamente y sin ningún rastro de otros sonidos, podemos decir que el radio está "sintonizado". Y para obtener una verdadera sintonización se deben dar dos condiciones: primero, que la maquinaria reciba el estímulo energético correcto por parte de la red eléctrica o la batería tenga la carga completa; y segundo, que la perilla sintonizadora esté perfectamente localizada en la marca "96.3 FM", para que la antena pueda emitir una oscilación igual a la de la emisora.

Exactamente, nosotros, como radio-antenas, tenemos la capacidad de conectarnos con tres "emisoras" o circuitos energéticos universales que nombraremos como: Material, Mental y Espiritual. (Ver gráfico No. 4)

Gráfico No. 4

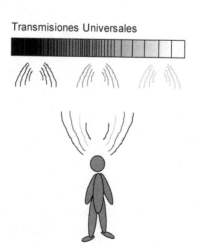

Transmisiones Universales

Cuando somos concebidos, en el vientre materno, producimos una chispa de vibración que da el impulso inicial para encender nuestro "radio"; e inmediatamente se abre el puente o enlace con la Energía Material. Luego, en el transcurso del crecimiento, cuando adquirimos una frecuencia más alta, entramos a percibir el Circuito Mental. Y por último, debemos llegar a un punto de vibración mucho mayor para captar la "emisora" Espiritual.

Aquí es cuando podríamos decir que el ser humano no es *uni*dimensional sino más bien *tri*dimensional. Pues somos la interacción de tres grandes corrientes de energía que deben trabajar conjunta y coordinadamente; vibrando en frecuencias independientes, con funciones e información de distintas características. Veamos:

- *Energía Material*: la vamos a visualizar como una corriente de humo de color "rojo" que se expande por el gran espacio. Da manifestación a nuestros cuerpos físicos, que sirven como medio para percibir el mundo externo a través de los sentidos del olfato, gusto, audición, tacto y visión.

- *Energía Mental*: se puede visualizar como un cordón de color "amarillo" que tiene plasmada toda la memoria del universo. Al llegar a nuestros cerebros, nos permite dar vida a los pensamientos, ideas y conceptos necesarios para lograr entender, interactuar y sobrevivir en el mundo físico.

- *Energía Espiritual*: la podemos imaginar como un río energético de color "azul". Es el medio por el cual nos conectamos con energías de frecuencias muchísimo más altas que las que brinda la corriente mental. Ofreciéndonos los ideales más altruistas y nobles de nuestra existencia, y ampliándonos la conciencia, para distinguir lo correcto de lo incorrecto, lo real de lo irreal, la verdad de la ilusión, la vida de la expiración.

Más adelante hablaremos a fondo de estas tres energías primarias o esenciales.

Mientras tanto digamos que, como radio-antenas, toda nuestra maquinaria –cuerpo, mente y espíritu– debe producir frecuencias que sean equivalentes a las del *trío energético*. Y así poder estar en "sintonía" con ellas. (Ver gráfico No. 5)

Gráfico No. 5

La buena condición de nuestro cuerpo está regida por el grado correcto de vibración que tenga la Energía Física, brindándonos vitalidad y salud. El desempeño apropiado de nuestra mente está sujeto al nivel energético que mantenga la Energía Mental en el cerebro, obsequiándonos un intelecto ágil y creativo. Y nuestro espíritu se alimenta de la cantidad de información que pueda fluir a través de la Corriente Espiritual, inundándonos con la sabiduría más alta que llega directamente de la fuerza creadora.

Somos energía pura, enlazada con las fuerzas universales centrales a través de frecuencias determinadas. Pero eso sí, tenemos que estar sintonizados con ellas, para captar la información necesaria que nos brinde un buen desempeño corporal, mental y espiritual.

Desintonización

Si por algún motivo la electricidad o la pila del aparato de radio no están dando un empuje suficiente, la transmisión que estemos escuchando comienza a perder potencia y a distorsionarse. O si la perilla de las estaciones se ha movido, así sea un milímetro, fuera de la frecuencia exacta, la música comienza a perder cantidades de sus componentes y un ruido como de lluvia opaca la armonía de la tonada. Entonces decimos que el radio está "desintonizado".

Igualmente si, por alguna razón, nuestras vibraciones se salen de la frecuencia original y correcta que produce la conexión, entramos en un campo de interferencia y vamos perdiendo comunicación con las fuentes.

Si nuestro ser no mantiene una cantidad de energía específica o el "fuego interior" se va apagando o la batería o carga energética se descargan; comenzamos a perder todos los aspectos positivos propios y a captar otros que nos producen molestia, confusión y distorsión de la realidad.

Consecuentemente, el cuerpo físico pierde vigor y comienza a formar condiciones extrañas como las enfermedades. Los pensamientos, ideas y conceptos ya no fluyen adecuadamente; arrastrándonos a tomar decisiones incorrectas, que afectan nuestro buen desempeño social y la interacción apropiada con el mundo alrededor. Del mismo modo, el vínculo con *Dios* se va esfumando; lo que nos lleva a malinterpretar el verdadero sentido de la vida y a percibirnos desamparados, con angustia y desesperanza.

Si vibramos adecuadamente, recibimos los estímulos positivos del universo; pero, si vibramos en una posición inapropiada, los vamos perdiendo.

Ahora bien. Para comprender un poco mejor cómo nos desintonizamos de las fuerzas universales, es necesario hablar de lo que yo llamo un *Espacio Frecuencial*; definido éste como el área, la casilla o el campo energético que ocupa cada elemento existente en el espectro al que pertenece.

Si usamos como analogía un instrumento musical como el piano, podremos visualizar cada una de las "teclas" como un Campo Frecuencial en la escala del "teclado".

Cada Espacio o Campo Frecuencial está formado por tres partes internas. (Ver gráfico No. 6)

Gráfico No. 6

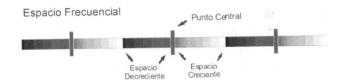

- *Punto Central u Óptimo:* ubicado en el medio de la casilla y donde la energía del elemento u objeto vibra en un 100%.

- *Espacio Decreciente:* se extiende hacia el lado de la gama en el que las frecuencias van declinando. Aquí las ondas energéticas, generadas por el punto central o núcleo del elemento, van perdiendo intensidad; hasta desvanecerse por completo, en el siguiente Espacio Frecuencial que lo antecede en el espectro.

- *Espacio Creciente:* se expande desde el punto medio hacia la dirección de la escala donde las vibraciones van creciendo. Aquí, las ondas energéticas del elemento van aumentando su intensidad gradualmente, hasta llegar al Espacio Frecuencial adyacente.

¡Retomemos el ejemplo de la radio-comunicación!

En la amplia gama de las comunicaciones, las estaciones radiales tienen asignada una franja aérea propia para transmitir su información. Cada una de ellas –como Espacios Frecuenciales– manifiesta un punto medio, por el cual la emisión es transmitida de una manera integral y perfecta; y dos distancias adyacentes, en donde la señal va perdiendo todas sus cualidades.

Así como las transmisiones son difundidas a través de campos frecuenciales, los aparatos de radio captan las corrientes del mismo modo.

Si la perilla sintonizadora de un transistor se encuentra ubicada en la posición exacta de la emisora de música clásica que tanto nos gusta "96.3 FM", los sonidos serán claros, nítidos y exactos. Pero si llevamos el botón hacia el lado de las frecuencias más bajas, se interpone una lluvia de ruidos que distorsiona la *limpieza* del sonido original. La melodía va desvaneciéndose gradualmente; los instrumentos desaparecen, uno a uno; y la intensidad del volumen, baja. Hasta que la conexión se acaba por completo.

Si, delicadamente, continuamos moviendo la perilla en la misma dirección, empezaremos a entrar en el siguiente Espacio Frecuencial. Escuchando sonidos nuevos, producidos por una estación, quizás de Deportes, que tiene su canal radial en el "95.8 FM"; al lado de la radiodifusora musical.

Posteriormente volvemos a sintonizar la emisora clásica. Pero, esta vez, continuamos el recorrido hacia el otro lado (en frecuencias más altas). De nuevo sucederá el mismo fenómeno que se dio anteriormente. Poco a poco, se irá perdiendo el rastro de las tonadas clásicas; hasta el límite de captar la información divulgada en la frecuencia adyacente "97.5 FM", que, en este caso, pertenece a un *Noticiario.*

Entonces podemos decir que el Espacio Frecuencial de la "emisora clásica" comienza en el punto donde se escuchan los deportes; sigue hasta el lugar exacto de sintonización; y luego, termina en el otro extremo, cuando se interpone la zona de las noticias.

La hermosa sinfonía va perdiendo todos sus componentes originales *centrales.* Hasta que, por un lado, se escucha un grito de "gooooo…ool", anotado por el equipo de fútbol local; y, por el otro lado, es reemplazada por la voz del comentarista que da el último "reporte económico".

Cuando se debilita o se sobre-estimula su frecuencia, la "música" va dejando de ser "música", para convertirse gradualmente en ruido y luego desaparecer.

¡Y, nuevamente, llegamos a las maravillas del ser humano!

En la dimensión que nos corresponde, y como elementos de naturaleza energética, podemos decir que también nos manifestamos en un Espacio Frecuencial. (Ver gráfico No. 7)

Gráfico No. 7

Espacio Frecuencial

Expresamos un centro esencial o *Punto Óptimo* de frecuencia, cuando nuestra energía vibra al 100% o en su condición integral. Un *Espacio Decreciente,* en el momento que las vibraciones van decayendo hasta el 0%. Y una *Distancia Creciente,* donde la energía aumenta hasta el límite de salirse de su posición... de su propia manifestación.

Como ya dijimos, si nuestra energía está vibrando en la frecuencia exacta de las fuentes de vida, todo funciona bien. Pero, cuando no nos estimulamos apropiadamente y las vibraciones van bajando a las frecuencias del Espacio Decreciente, comenzamos a desintonizarnos; experimentando, uno por uno, los diferentes síntomas de la *"Depresión",* que tanto pueden afectar nuestra vida.

O, si por otras circunstancias, activamos nuestra energía de una manera desproporcionada y entramos al Espacio Frecuencial Creciente; también nos salimos de sintonía y caemos en los estados de *"Estrés"* que generan situaciones igualmente dañinas para nuestro equilibrio. (Ver gráfico No. 8)

Gráfico No. 8

DEPRESIÓN   ESTRÉS

Cualquiera que sea el caso, por cada nivel que nos alejamos del *Punto Medio, Óptimo u Original* de frecuencia, el cuerpo, la mente y el espíritu irán perdiendo la conexión con las fuentes primarias.

Quiero enfatizar eso: *Si no se estimula la energía en un grado adecuado, nos desintonizamos. Y si la estimulamos demasiado o sobre estimulamos, también nos salimos de sintonía.*

Cuando nos alejamos del Punto Óptimo de frecuencia, lo positivo va mermando fuerza y lo real se va transformando en algo irreal. Nuestra naturaleza se disipa, se deforma. Y si las vibraciones llegan al punto límite, donde termina nuestro Campo Frecuencial, en cualquiera de los lados, nuestra materia prima se verá arrastrada a dar el último paso: a, simplemente, dejar de ser.

En este libro nos vamos a enfocar en los estados de depresión energética; pues, toda la cuestión relacionada con la zona de "Estrés", sería tema para otro ejemplar.

Vibrando en el Espacio Decreciente

En la parte decreciente de nuestro Espacio Frecuencial existen cientos de niveles que lo conforman; y, cada uno de ellos, nos generan condiciones negativas diferentes e individuales.

Si usamos como referencia la escala decimal, podremos decir que el centro de nuestro cuerpo está en el número 10; a los peldaños que siguen hacia abajo se les puede asignar, correspondientemente, los números del 9 al 1. El último grado, donde acaba el campo, se puede nombrar con el número 0.

En el interior del nivel número10 –que maneja la frecuencia más alta del Espacio Decreciente - vibra la gama del 100% de los aspectos positivos que nos brinda la vida. Así, toda la información necesaria para construir el cuerpo y mantener su buen funcionamiento; los pensamientos verdaderos que producen emociones agradables; y los conceptos altruistas que nos empujan a evolucionar, serán los regalos que podremos experimentar si nuestra vibración energética permanece en esta frecuencia número10.

Pero, por cada peldaño que nos salimos de sintonía, perdemos un aspecto positivo y ganamos el opuesto en negativo; por cada grado de energía que se disminuye, un elemento beneficioso desaparece y uno perjudicial cobra vida.

En el nivel número 9, podemos vivir el 90 % de lo positivo y comenzamos a captar el 10% de lo negativo. En el escalón número 8, sintonizamos un 80% de positivo y ganamos un 20% de negativo. Y así continuamos, en una relación proporcional, hasta llegar a la fase número 0; donde perdemos por completo la capacidad de sentir alguna vibración positiva y captamos el 100% de las negativas.

Por ejemplo, si yo conservo la frecuencia de mi cuerpo en el plano número 7; solamente el 70% del organismo tendrá el flujo energético correcto, y el resto, se encontrará fuera de sintonización. Tendré un estado físico aparentemente aceptable, pero, tarde o temprano, lo que esté fuera de la vibración exacta comenzará a fallar. O si mi frecuencia se mantiene en el número 3, me sentiré pesada y débil en todo momento; solamente el 30% de mis partes corporales responderán, y el resto, irán perdiendo sus capacidades correctas de funcionamiento.

Igualmente, si la frecuencia de la Energía Mental en mi cerebro la tengo en el número 8; perderé el 20% de información y mis emociones serán levemente negativas. O si dejo caer mi mente a estados demasiado bajos, como el número 2, el 80% de mis pensamientos se darán confusos y distorsionados; arrastrándome constantemente a experimentar sentimientos devastadores.

El mismo proceso se aplica con la Energía Espiritual.

Según la cantidad de vibración que le demos a nuestras corrientes energéticas, equivalentemente se sentirá la intensidad de sus beneficios. El acercamiento al Punto Óptimo de nuestra frecuencia es *directamente proporcional* a las condiciones favorables, saludables y útiles; pero, el alejamiento de este punto medio es *inversamente proporcional* a ellas.

Podemos decir, entonces, que los estados depresivos comienzan a manifestarse cuando, por variadas circunstancias, las energías Física, Mental y Espiritual se encuentran vibrando en cualquiera de las frecuencias por debajo del número 10. Y según la posición en que permanezcamos en el Espacio Decreciente, así mismo se irán dando las diferentes características.

Observemos una perspectiva general: cantidades de personas se acostumbran a vibrar en niveles no tan bajos -por ejemplo número 9 o número 8– y dan por hecho que los pocos aspectos negativos que manifiestan son parte integral de sus personalidades. Se acostumbran a vivir con un poco de apatía… un poco de vacío… un poco de amargura. Son individuos que, aunque no estén sumidos en la tristeza, escasamente ríen. Sacan energía para cumplir con las responsabilidades, sin embargo, no tienen mucha disposición para la actividad física. Y aunque aparentemente lucen sanos, sus cuerpos están pesados y más vulnerables a enfermarse.

En peldaños como el número 6 o número 7, desarrollan temperamentos bastante negativos, irritables y huraños. Usualmente, presentan condiciones de neuralgias y dolores crónicos. La vida la sobrellevan con pena y aflicción; sintiéndose victimas del mundo. Manejan inseguridad y baja autoestima; siendo poco amantes de los cambios y nuevas aventuras.

En los niveles como número 4 o número 3, es cuando empiezan a manifestarse muchos más síntomas y con una intensidad fuerte. La persona va perdiendo las ganas de hacer cualquier tipo de actividad. La tristeza y angustia permanecen. Los sentidos se duermen. Es casi imposible mantener un buen desempeño en las relaciones sentimentales y laborales. Sin olvidar que el auto rechazo y las ganas de morir van apareciendo.

En los planos más bajos, como número 2 o número 1, el individuo permanece dormido mucho tiempo, pues el cuerpo es casi imposible de moverlo y falla la coordinación. Hay una apatía total hacia las responsabilidades y las dinámicas normales. No se quiere comer.... no se quiere escuchar... no se desea hablar.... ni mucho menos ser acariciado. Las situaciones negativas son demasiado arrolladoras, y la intensión de quitarse la vida se incrementa.

Y el último peldaño, número 0, es cuando se agota casi todo el contacto con la fuente de vida. La agonía y desesperación son imposibles de aguantar. No se tiene ni un poco de deseo... ni un poco de sentido... ni un poco de esperanza. Se experimentan estados, fuera de la realidad, donde se percibe todo nublado y turbulento. Y aparece una fuerza sobrehumana que arrastra a no seguir; a, simplemente, dejar de existir.

Desafortunadamente, entre más nos alejamos de la energía de atracción que posee el núcleo de nuestro ser, menos conexión con la vida vamos teniendo. Y si pasamos más allá del nivel número 0, perderemos cualquier tipo de atadura que nos une a esa Energía Esencial; llegando al extremo de pasar a otros estados de frecuencia, que se salen de nuestro rango de existencia.

Depresión

Como podemos ver, la Depresión es un asunto que no se puede mirar desde un sólo punto de vista, sino que hay que entenderlo y tratarlo desde tres aspectos: el cuerpo, la mente y el espíritu.

Recordemos que al nacer venimos sintonizados, y el instinto natural nos incita a mantener nuestra energía estimulada. Pero, en el proceso del crecimiento, nos enfrentamos diariamente a hábitos, situaciones y condiciones negativas que van cambiando nuestro nivel vibratorio; y nos empujan a experimentar las sensaciones producidas por las frecuencias bajas, que están fuera de nuestro rango de conexión.

El ruido, la polución, la falta de ejercicios físicos, una mala alimentación y/o costumbres generales de vida inadecuadas -como alcohol, cigarrillo, drogas-, nos han llevado, a muchos, a no estimular el cuerpo correctamente o a sobrecargarlo sin control; sacando la Energía Física fuera de su punto de equilibrio.

Religiones cerradas y radicales; ambientes de sobre población que traen una educación deficiente y acontecimientos arbitrarios; el mundo de las noticias que se enfoca en la publicidad devastadora y amarillista; y otros, generalmente nos empujan a pensar en frecuencias negativas. Sentenciando la Corriente Mental a estar desintonizada, y para acabar de componer, que se nos vuelva costumbre.

Y el mantener nuestra mente lejos de su punto original, nos cierra la posibilidad de entrar en contacto con energías de alta sabiduría, de generar cambios productivos y elevar el espíritu. Opacando los milagros transformadores que brinda la Energía Espiritual.

Por ésto, casi siempre, es tan difícil hacer un buen trabajo de vida... por ésto se pierde la auto-seguridad y no logramos tomar caminos correctos que nos den felicidad... por ésto asumimos posiciones equivocas con la prole, escogemos personas poco apropiadas para compartir y empleos que no llenan las expectativas personales... por ésto creamos dolor, pensamientos confusos, emociones malsanas, problemas y sufrimientos que no están dispuestos para nuestra evolución... por ésto nos sentimos incapaces de tomar control de nuestro destino.

¡Sí!, definitivamente, estamos bombardeados por infinitos aspectos que tiran nuestra energía vital a caer en estados Depresivos. Metiéndonos en un mundo que no tiene sentido ni lógica.

Posteriormente, voy a explicar cómo funciona cada una de las tres corrientes primarias. Qué sucede cuando se van saliendo de su punto de equilibrio y cómo podemos estimularlas para que mantengan una frecuencia o un fluir adecuado. Por ahora concluyamos:

"La Depresión se genera cuando la energía propia va entrando a las frecuencias del Espacio Decreciente. Y, paulatinamente, se pierden, algunos o todos, los componentes físicos, mentales y espirituales particulares de cada uno de nosotros y necesarios para sostener un desarrollo ideal."

Recuerdos de Mi Experiencia...

Sinceramente es muy difícil explicar cómo me sentía en este trayecto del recorrido. Era demasiada la información que había llegado a mi cabeza, y debía irla asimilando.

Sin embargo, todo comenzaba a tener sentido. Y pude convencerme -como mi corazón siempre lo dijo- que yo no estaba loca ni enferma.

Por alguna razón, en el transcurso del crecimiento, mis tres energías se fueron saliendo del punto inicial de frecuencia que tenían cuando estaba niña. Y se volvió costumbre estar en un plano de interferencia que me impedía ver y sentir la vida de una modo claro.

Así, la inseguridad se daba solamente en la medida en que yo bloqueaba la seguridad. El miedo se apoderaba de mí, únicamente, cuando cortaba el fluir de la tranquilidad. Y la tristeza marcaba mí interior, cuando opacaba la alegría. Mis corrientes vitales se encontraban fuera de lugar, la luz se apagaba, el fuego interno se consumía.

Pero había entendido que para equilibrar mis tres corrientes primarias no se requerían exigencias complejas ni de mucho trabajo. Sólo debía rescatar las herramientas sencillas, normales e innatas a mi naturaleza, que estimularan mis vibraciones y ayudaran a mantenerlas en el lugar correcto de frecuencia.

El primer requisito para recuperar *el estado original de mi materia prima* era tener la convicción profunda y sincera de querer cambiar. Y, afortunadamente, estaba dispuesta a colocarle *pilas* a mi *radio* y empezar a escuchar las estaciones asignadas. Abrir las "ventanas" de mi ser, para que entrara una nueva "brisa" capaz de refrescar mi cuerpo, mente y espíritu. Dejar atrás el pasado y emprender un presente que generara un futuro, por venir, diferente.

La segunda condición era adoptar actividades y comportamientos correctos, que se me volvieran hábito y acomodaran mis energías esenciales. Así, lograría:

- Mejorar el estado de salud y desarrollar un cuerpo mucho más resistente a los agentes exteriores.
- Reprogramar mi mente para que se acostumbrara, de nuevo, a pensar de una manera completamente positiva; permaneciendo abierta al ingenio, creatividad y lógica.
- Crear un ambiente propicio para que la corriente espiritual ajustara, elevara y ampliara mi conciencia.

Y tercero, debía aceptar que el estar "bien" era una tarea completamente personal, de constancia y dedicación, pero de absoluta efectividad.

Que no importaba cuánto me quebrara la cabeza tratando de encontrar los *"culpables"* de mi desequilibrio o siguiera luchando contra circunstancias ajenas o buscara razones justificables para quedarme inmóvil sintiéndome víctima del "malvado mundo y sus secuaces"; pues siempre hallaría no solo uno, sino cinco, cien o mil elementos a los cuales pudiera colocarles el peso de una situación que, definitivamente, estaba en mis manos transformarla.

Decidí no enfocarme en los problemas, sino en las soluciones. Comencé entonces a examinar la Energía Física, Mental y Espiritual por separado; a buscar métodos apropiados para estimularlas una por una, e intercambiar muchas de las viejas costumbres por otras más efectivas, que me desbloquearan.

En esta etapa entendí que vivir feliz y lograr todos los cambios anhelados era un millón de veces más fácil de lo que pensaba. Que si la Energía Universal era fuente *solamente* de aspectos positivos, y los elementos negativos se producían en la medida en que me alejaba de ella, entonces lo único que debía hacer era tomar medidas prácticas para dejar fluir la esencia… para acoplarme… para sintonizarme. ¡El resto correría por cuenta del universo!

De forma similar, como cuando respiro normalmente y mi cuerpo se oxigena y activa de una manera rítmica, casi siempre disfruto del beneficio del aire sin ser muy consciente del proceso que se está dando. Pero si me tapo la nariz y boca, con una venda bien apretada, de inmediato el cuerpo reacciona agitadamente. Empiezo a angustiarme. A luchar por lograr respirar. Y me voy descontrolando, más y más, a medida que el aliento se agota. Cuando lo único que tengo que hacer es quitarme la venda, dar un gran suspiro y dejar que el aire haga su trabajo. ¿Qué más fácil que ésto?

Y así fue que –¡por fin!– di comienzo al excitante proceso para recuperar uno de los obsequios que nos

brinda Dios: la base de nuestra expresión material...
la Primera Corriente Original... la Energía Física...

X
Nuestra
Energía Física

La Energía Material es la sustancia prima o básica que sirve como soporte al universo. Ese "humito rojo" que da origen, tanto a nuestros cuerpos físicos, como al resto de elementos perceptibles que nos rodean.

En el instante que somos concebidos, se abre un portal o una *ventana* ubicada en un lugar específico del espectro universal. Inmediatamente, la vibración naciente se conecta con las emisiones transmitidas por la esencia material; generando un canal por donde, no sólo se capta la *materia prima* necesaria para ir formando el cuerpo, sino la información y los datos exclusivos que permiten construir un organismo con características, tal vez parecidas, pero jamás iguales a las de otro ser.

La fuerza creadora nos regala un hermoso y perfectamente coordinado artefacto físico, dotado con componentes suficientes para deleitarnos con infinitas sensaciones, y subsistir la aventura del espacio y el tiempo.

Nuestra Energía Física en su Punto Óptimo

Después de la "chispa" de la fecundación, y gracias a los estímulos directos del organismo de la madre, la energía va aumentando gradualmente su vibración.

Así, en cada nivel de frecuencia se va manifestando alguna parte del cuerpo –a través de un proceso gradual– hasta completar toda la gama corporal.

Célula por célula, tejido a tejido, músculo tras músculo, órgano por órgano van apareciendo, suave y delicadamente, hasta llegar al Punto Óptimo de Frecuencia del espacio espectral asignado para cada uno de nosotros.

Como un árbol de manzanas, que gracias a la excitación producida por los rayos solares y nutrientes de la tierra, comienza en cierto punto de sus ramas a aumentar la vibración. Se crea, entonces, una pequeña fruta verde que crece a medida que el movimiento sigue en aumento. No sólo su tamaño cambia, sino también su color. De la frecuencia del verde va subiendo a la frecuencia del rojo; su corteza comienza a brillar; su interior pasa de duro a blando; el sabor cambia de amargo a dulce. Alcanzando un punto, donde podemos decir, que la manzanita está *madura* y en condiciones excelentes para ser consumida.

Igualmente, cuando "nosotros" logramos sintonizar nuestra Energía Física en la frecuencia correcta, todas las piezas corporales adquieren la información esencial para trabajar en su 100%. El corazón, cerebro, pulmones y todos los órganos prestan sus servicios particulares de un modo efectivo. La sangre, junto con todos los químicos y fluidos, corren en la velocidad y volúmenes adecuados. Los sentidos se activan completamente; vista, oído, olfato, gusto y tacto están listos a reaccionar a cualquier agente ambiental que nuestra materia perciba. La piel se presenta lozana; el cabello brillante; y las uñas y dientes, sólidos. El peso corporal se conserva proporcionado, facilitando la movilidad y flexibilidad.

En fin, el sostener la frecuencia exacta de vibración crea un estado general de vigor, eficacia y equilibrio. Nos sentimos vivos y podemos correr, brincar, bailar y cantar. No hay dolores ni pesadez; solamente bienestar y libertad. Irradiamos un aspecto de vitalidad, salud, belleza.

Nuestra Energía Física en los niveles del Espacio Decreciente o Depresión Frecuencial

Quisiera que le prestaran buena atención al siguiente párrafo. *"Todos los elementos de la naturaleza tienden a bajar, progresiva y lentamente, las vibraciones internas de su propia materia, si no son activados por algún estímulo externo que mantenga su frecuencia en el Punto Óptimo"*.

Si retomamos el ejemplo del árbol "Manzano" y nos preguntamos: ¿Qué pasaría si desprendemos la jugosa fruta de la rama y la dejamos muchos días en el suelo y al aire libre?

Sin la activación que le proporcionan los nutrientes del árbol, las partículas esenciales de la manzana comienzan a mermar sus vibraciones. Poco a poco, la textura se torna arrugada y sin brillo; el sabor va pasando de dulce a acido; el color cae a la frecuencia de los tonos marrones; el contorno se va deformando. Y llega a un puesto tan bajo de velocidad oscilatoria, que termina pudriéndose; pues, aparecen organismos capaces de desarrollarse en frecuencias bajas -insectos y bacterias- que la van consumiendo.

¡El aspecto general de *provocativa y saludable* pasa al de *desagradable y malsana*!

Homólogamente, al nacer, perdemos el soporte directo que nos brinda el cuerpo materno. Y si el resto de la vida no creamos estímulos correctos que activen la energía, nuestras vibraciones internas comienzan a decaer progresivamente. Así, cada una de las partes del aparato físico van frenando sus propias oscilaciones; dañando las capacidades de funcionamiento en orden contrario al que alguna vez fueron manifestándose.

El organismo que se construyó inicialmente en una sucesión creciente, se va deteriorando de un modo decreciente. Órgano a órgano, músculo por músculo, tejido tras tejido, célula a célula se van saliendo de sintonía y *desprogramándose*; exhibiendo condiciones contrarias a las que les dieron vida.

Cuando no se tiene la activación correcta, nos percibimos pesados y perdemos habilidad en el movimiento. Las articulaciones se van pegando, como las bisagras de una puerta que nunca se abre, dando paso a dolores y neuralgias. Los músculos se van tornando flácidos. Se pierde el apetito y hay alteraciones drásticas en el peso corporal; cambiando la silueta natural y estética.

Las glándulas dejan de producir las sustancias y químicos indispensables para un buen desempeño físico. El corazón baja la potencia y disminuye la presión sanguínea necesaria para irradiar adecuadamente todo el cuerpo. El PH interno comienza a pasar de alcalino a ácido. Y hasta el cerebro va perdiendo las propiedades necesarias para procesar la Energía Mental.

A medida que las vibraciones se esfuman, vamos mermando la capacidad de disfrutar las sensaciones que ofrece el mundo alrededor, pues los sentidos ya no captan los estímulos positivos y perciben más fácil los negativos. Lo lindo ya lo vemos feo, lo dulce nos sabe amargo, y el roce de una mano ya no nos causa placer sino rechazo.

La piel empieza a tornarse opaca y marchita; el cabello aminora su brillo y movilidad natural; y nuestro aspecto se percibe "demacrado". Además, cuando se llega a ciertos niveles bajos de vibración, se genera el ambiente propicio para que micro-organismos de frecuencia baja, como las bacterias y los virus, tomen vida; desarrollando infecciones y enfermedades a veces aniquiladoras.

En general, el equilibrio y la coordinación de todo el engranaje corporal comienzan a desplomarse. Y así como se dieron miles de procesos para la creación de nuestra materia física, igualmente se dan los mismos *miles de procesos,* pero a la inversa; trayendo condiciones nocivas, día a día.

¡Nuestro cuerpo, poco a poco, va dejando de ser cuerpo. Y la aventura de vivir comienza a perder su encanto!

No se puede olvidar, que la sustancia prima física debe tener constantemente un impulso específico que *iguale* la frecuencia que se nos asignó al nacer. "Un generador, una batería o una corriente eléctrica que produzca las ondas necesarias para mantener el radio sintonizado". De lo contrario, caemos al Espacio Frecuencial Decreciente y nos vamos saliendo del puesto que se nos asignó en la gran escala cósmica.

¿Cómo podemos estimular nuestra Energía Física y mantenerla en su Punto Óptimo de Frecuencia?

La mayoría de veces estamos buscando soluciones "mágicas" que nos proporcionen una vida de bienestar inmediata. Y, equivocadamente, nos aferramos a medicamentos costosos, productos artificiales, sustancias estimulantes dañinas, dinámicas complicadas o personas ajenas que prometen acabar nuestras dolencias "como por arte de magia".

Pero resulta que los *magos* somos nosotros y los métodos para permanecer sanos están en nuestras manos. La clave para conservar el balance está en elementos que generalmente se encuentran al frente de nuestras narices, pero no los vemos... no los oímos... no los utilizamos... no los disfrutamos. Pues parecen tan sencillos, naturales y quizás ordinarios, que dudamos que tengan el suficiente valor de transformar nuestra vida en lo que realmente somos: sencillos y naturales.

Veamos algunos de los aspectos, más importantes e imprescindibles, para armonizar la Energía Física:

a) MOVIMIENTO: ¿Qué más fácil y normal puede ser mover el cuerpo? El movimiento es el primer instinto del ser humano y un requisito para la vida. Es la fuerza básica o el generador que le permite al *aparato* físico convertir la energía mecánica en energía electromagnética. Produciendo el fluir energético adecuado que nos mantenga sintonizados con la Energía Material.

Dependiendo de la cantidad de acción que tengamos en un momento dado, así mismo será la frecuencia interna del organismo. Poco movimiento diario nos lleva a permanecer vibrando en algún nivel del Espacio Decreciente, o demasiado ejercicio nos lleva a sobrepasar el punto medio y a entrar en el Espacio Creciente. Por esto es tan importante movernos de una forma *constante, equilibrada y completamente rítmica*; siempre en una proporción suficiente que nos sostenga en el lugar correcto.

Las personas sedentarias o con trabajos que les exigen mantenerse en un solo sitio, sin mucho lugar a ejercitarse, son las más propensas a enfermarse físicamente, y suelen presentar cuadros depresivos así sean en estados leves. A veces pensamos que el caminar, de un lugar a otro, cumpliendo con las obligaciones, es suficiente para estimularnos; pero, la verdad, es que generalmente la *carga energética* es poca y las partes corporales que no alcanzan a ser activadas serán las primeras en presentar condiciones negativas.

Ahora bien, hoy en día se promociona mucho la importancia de hacer ejercicio; más, en el afán de perder peso o sentirse "muy sanos", se llega al otro extremo, de cargar el organismo excesivamente de energía y nuevamente desbalancearlo. No olvidemos que la sobre estimulación energética puede ser tan dañina como la depresión de ésta.

Hay que, entonces, buscar deportes o dinámicas físicas amenas, que se puedan realizar de una forma moderada. Mejor dicho, movimientos coordinados que involucren absolutamente todas las zonas corporales, para que la energía llegue en las mismas proporciones a cada rincón del cuerpo; que no sean bruscos ni extenuantes y, bajo ninguna circunstancia, causen dolor.

Con base en lo anterior, quisiera resaltar dos actividades que, para mí, son las más completas, armónicas, naturales y placenteras: la danza y la natación.

- *El baile o la danza* ha perdido, a través de la historia, tanto su estructura básica como la verdadera función que presta para el bienestar físico. En muchas culturas ha ido desapareciendo. Y, en otras tantas, se ha transformado en objeto exclusivo de entretenimiento; ejecutada solo por grupos determinados, y cargada de técnicas, a veces, difíciles de aprender.

Pero el auténtico objetivo de mover el "esqueleto" es producir excitación energética, permanente y rítmica, que mantenga todas las piezas del organismo en sus frecuencias óptimas. La danza brinda la posibilidad de ejecutar movimientos inherentes a nuestro diseño corporal de un modo suave y coordinado. Y nos permite disfrutar libremente la auto-expresión e interacción con el espacio, sin tensión ni brusquedad.

Además, las vibraciones generadas por las ondas sonoras de la música, combinadas con otros elementos adicionales como la socialización y júbilo que pueden ofrecer los bailes grupales, crean un resultado difícil de sobrepasar por cualquier otro tipo de ejercicio físico.

La danza nació con la raza humana, desde el principio de los tiempos, y no la podemos dejar morir. Disfrutemos los ritmos alegres y sintámonos sin miedo de mover la cabeza, hombros, brazos, cadera, piernas y demás músculos. No importa si somos chicos, grandes o viejos; hombres o mujeres; si estamos solos, en pareja o en grupo; en un salón, la casa o el baño… simplemente, bailemos.

- *La natación* también es una actividad que nace con nuestro instinto. No solamente estimula todas las partes del cuerpo con movimientos ordenados, simétricos y regulares, sino que nos obliga a respirar profundamente. Se debe practicar de una forma frecuente y suave.

Solamente pensemos en el beneficio que nos daría la oportunidad de nadar en el mar, donde se juntan aspectos estimulantes como el movimiento, agua, sol, sal, viento y arena. ¡Una mezcla más allá de lo excelente!

También quiero recomendar las caminatas. El acto de *caminar* es, sin discusión alguna, la base de nuestro movimiento. El impacto que produce el piso sobre las terminaciones nerviosas –ubicadas en las plantas de los pies– activa el resto del sistema de nervios que recorren todo el organismo. Sin embargo, para mayor efectividad, se debe complementar con estimulaciones del cuello, hombros, espalda, caderas y rodillas.

Recordemos, siempre, que el dinamismo se nos mandó como una gran herramienta para disfrutarlo, y "no" para torturar nuestro cuerpo. Y no importa qué escojamos realizar -Yoga, Tai Chi, Pilates, Zumba, Jardinería o Malabarismo- debemos expresarnos libremente y dejarnos envolver por la fuerza vigorizadora de cualquier acción.

b) OXÍGENO: El universo es tan perfecto que nos pone a disposición la *"vitalidad"* solamente a través de una aspiración. Y es que el oxigeno que se encuentra en el aire es energía pura en estado gaseoso, y, con su alta vibración, aviva todo con lo que entra en contacto. Por ésto, debemos acostumbrarnos a inhalar y exhalar de una manera apropiada, regular y precisa, para que se estimule la totalidad del organismo.

Existen cientos de técnicas que nos permiten sacarle el mayor provecho al sencillo, natural y ordinario acto de respirar; y debemos adoptar cualquiera de ellas como costumbre importante de vida. Tengamos en cuenta que una buena "inspiración" puede ser más productiva que cantidades de otros estimulantes.

c) SOL: Las ondas energéticas de luz y calor, producidas por el *Sol,* son indispensables e irremplazables para nuestro sistema físico. Entre más radiación solar, más se aumentan las vibraciones; entre menos radiación, menos se excita la materia.

La frecuencia corporal cambia dependiendo de la hora del día en la que estemos. El medio día nos ofrece un estimulo mayor que el de la mañana o la tarde, y durante las noches, la vibración corporal baja naturalmente al no tener el incentivo del "gordito amarillo".

Del mismo modo, la privación de rayos solares, por un tiempo prolongado, nos puede afectar enormemente. Por ejemplo, las personas que por trabajo o diferentes condiciones se mantienen bajo techo -sin tener contacto directo con el Sol– son propensas a deprimir su energía y a entrar en estados negativos físicos y emocionales. O en países que enfrentan extensos períodos de invierno es tan común que muchos de sus habitantes presenten síntomas de Depresión, al pasar tantos meses sin una activación energética suficiente. En el calor se sube al ánimo y en el frío se baja.

El Sol es el incitador energético más fuerte que podamos encontrar, y tenemos que recibirlo diariamente. Pero aunque no podemos privarnos de sus vivificantes beneficios, tampoco debemos excedernos a su exposición, pues, también, trae consecuencias dañinas. Utilicemos con prudencia y responsabilidad este otro *brillante obsequio universal.*

d) AGUA: Es común escuchar la importancia de tomar una buena cantidad de agua para mantenernos sanos. ¡Y no es para menos!

Este irreemplazable "presente líquido" no sólo abarca el 70 al 85 por ciento de nuestro cuerpo, sino que es el compuesto más eficiente para transportar la energía. Es lo que se puede llamar como un *elemento conductor* que facilita la circulación de todos los nutrientes y fluidos imprescindibles para la vida; además, de ser el medio que expulsa las toxinas.

Mantengamos el hábito de hidratarnos; especialmente en las primeras horas de la mañana, antes de digerir cualquier alimento. Y regular el volumen de consumo; pues, un exceso de agua en un organismo sano puede llevar a desbalancearlo, o una escasez de ella, puede ir frenando el vigor... ir parando la vida.

e) ELEMENTOS NATURALES: Cada uno de los elementos que conforman el mundo material producen un impulso, único y exclusivo, para las diferentes partes de nuestro sistema físico.

Alimentos, plantas, minerales, cristales y todos los demás componentes de la naturaleza pueden subir o bajar nuestra frecuencia corporal en momentos determinados. Dependiendo del nivel vibratorio que cada uno de ellos maneje, y según la intensidad en que se den estos estímulos, nos brindarán sensaciones positivas o negativas.

Es imposible extenderme en este tema, pues nunca acabaría. Por ello voy a dar solo unos pocos ejemplos que, al menos, proporcionen una idea general de cómo interactuamos con todo lo que nos rodea.

Si existe algo que influya decisivamente en la buena o mala condición del cuerpo humano es la gama de los *alimentos*. Sin embargo, históricamente hablando, la alimentación es otro de los campos que se ha distorsionando en la mayoría de las culturas; por no decir que en todas. Nos acostumbramos a alimentarnos de una manera inconsciente, sin percatarnos de cuáles son los alimentos que suben nuestras vibraciones y cuáles son los que la bajan. Qué víveres son los apropiados para consumir dependiendo de nuestra edad, estilo de trabajo, la hora del día o del clima de la región en que habitamos.

Todo ésto ayuda a que la mayoría de personas hayan ido cambiando la frecuencia original del organismo y se acostumbren a vibrar en cualquiera de los Espacios Frecuenciales; generalizando *enfermedades y dolencias* que siguen afectando la población mundial.

Los beneficios de un alimento pueden variar según cómo y cuándo se use. Si el cuerpo está bajo en energía, se deben consumir productos de vibración alta para que nos estimulen y estabilicen. Por el contrario, si estamos sobresaltados y la energía la tenemos vibrando en un grado muy elevado, entonces, es bueno buscar nutrientes de carga más baja para que degraden un poco nuestra frecuencia.

Por ejemplo, tomar café –sustancia de vibración muy alta– genera un efecto estimulante en personas inactivas, pero, puede sobrepasar nocivamente la energía de aquellos "hiperactivos". Además, la cafeína causa un efecto menos fuerte en las primeras horas de la mañana cuando el organismo está en reposo, que al *medio día,* cuando, ya de por sí, el cuerpo está internamente más elevado en sus ondas energéticas. Muchos alimentos que bajan la frecuencia energética (como: azucares industriales, harinas, grasas, alimentos procesados, vino rojo y otros) pueden, en ciertos momentos, hacer sentir *peor* a las personas Depresivas; pero, por el contrario, calmar la ansiedad de aquellos sobre-estimulados o estresados.

Por fortuna, actualmente se están retomando filosofías milenarias que estudian los comestibles como agentes equilibradores. Según las diferentes corrientes, los alimentos se pueden clasificar en yin o yang, en fríos o calientes, en muchas o pocas calorías, en los que expanden la energía y los que la contraen. Se clasifican los productos según la frecuencia de sus colores y sabores. Se recomiendan dependiendo de la hora del día, la estación del año o la temperatura a la que nos exponemos en el momento de consumirlos. Igualmente, se analiza la importancia de saber combinarlos unos con otros.

Una nutrición balanceada y acorde con los ciclos corporales es un arte que tenemos que aprender, pues, definitivamente, contribuye tanto en el buen desempeño de nuestra materia, como en un estado emocional estable. Hay que tratar de coordinar todo lo que entra a nuestra boca para que nos proporcione la vitalidad adecuada, en el momento apropiado; buscando siempre poner la frecuencia en su lugar óptimo. De lo contrario seguiremos siendo prisioneros de enfermedades, dolores y condiciones dañinas que entorpecen el bienestar.

Ahora bien, de un modo semejante, podemos seguir descubriendo las reacciones que el cuerpo presenta cuando entra en contacto con elementos como olores, colores, texturas… con la luz, el agua, el fuego, el aire, la tierra. Por ejemplo:

- Si nuestra vibración está muy baja es mejor usar ropa blanca o de colores bien claros para que tengamos un empujoncito energético; pues, el negro o tonos muy oscuros colaboran a que la frecuencia decrezca. Así mismo, los materiales orgánicos como la lana, seda o algodón generan más vibraciones que los sintéticos.
- Rodearnos de seres vivos como animales domésticos, plantas y flores, puede ayudar muchísimo a subir la energía ambiental y corporal.
- Pararnos descalzos sobre la tierra, el césped o la arena induce mucha más energía a todas las terminaciones nerviosas de los pies, que si utilizamos zapatos con suelas de materiales aislantes como el caucho.
- Los cristales y minerales son compuestos que la madre naturaleza carga como unas *baterías o pilas*; ofreciendo un amplio y sorprendente espectro de estímulos. Eso sí, debemos buscar los que apropiadamente balanceen nuestra energía, y evitar aquellos que pueden causarnos interferencias molestas.
- Un cuarto pintado con un color frío, como el "verde manzana", difunde una sensación de reposo y

tranquilidad. Diferente al sobre-estímulo que produciría un tono cálido como el "rojo fuego".

- ¡Y no olvidemos algunas de las recetas de las abuelas! Como la utilización de un cubo de hielo (sustancia de oscilación baja o fría) para contrarrestar el aumento vibratorio desproporcionado producido por una quemadura en la piel; o tomar agua aromática, bien caliente, para dilatar el vientre que está comprimido por un cólico.

De todos modos, para aquellos deseosos de ampliar el tema, actualmente es bastante la información que se puede obtener en el mercado. Materiales acerca de los usos *terapéuticos* de aromas, colores, aceites, rayos de luz; cristales como agentes sanadores; remedios caseros y otros brindan un conocimiento práctico, divertido y, yo diría, que bastante eficiente en la manera de estabilizar nuestras energías.

El "mal estado de salud" es una circunstancia que nosotros como raza hemos generado debido al incorrecto uso de lo que diariamente comemos y bebemos, y de la pobre interacción que conservamos con el resto de las maravillosas herramientas naturales. Y remarco: *"El mal estado de salud no es un requisito de nuestro destino ni, mucho menos, una prueba enviada por Dios para que el ser humano aprenda lecciones"*.

Agradecemos los sentidos, adquiramos buenos hábitos de vida y saquémosle el beneficio real a ésta otra parte del gran *legado celestial*.

f) MUSICA y CANTO: Junto con la Danza, éstos dos aspectos han formado parte de la humanidad, desde su comienzo, y son unas de las formas más comunes y placenteras de estimularnos.

Cuando cantamos, activamos considerablemente el cuerpo, pues las cuerdas vocales generan ondas internas con la intensidad que dicten nuestros "vigorosos pulmones".

Además, las ondas vibratorias que causa el sonido, producido por la gran variedad de instrumentos musicales que existen, pueden neutralizar las corrientes energéticas en momentos dados. Escuchemos música suave cuando queramos calmar nuestra materia; o disfrutemos de ritmos alegres, con vibraciones altas como las de los tambores, si nos sentimos apagados y anhelamos reactivarnos un poco. Y no olvidemos la excitación que pueden producir ciertas tonadas que traen recuerdos agradables, o el gozo cuando nos identificamos con las letras que les corresponden.

Las frecuencias rítmicas y armónicas son el lenguaje que permite sintonizarnos con el resto del universo; por esto, así tengamos una voz de "tarro", tenemos que cantar y dejarnos envolver por regocijantes melodías que eleven nuestro ser.

g) RISA: Otra de las lindas herramientas originales para acelerar nuestra esencia material. Esta peculiar acción –que combina el aparato torácico, la garganta y los pulmones– crea vibraciones acompasadas en el cuerpo; subiendo altamente la frecuencia.   Más el provecho que obtenemos de la gran cantidad de aire que inhalamos en el instante de una *carcajada*.

Recordemos que la risa la podemos llevar a todas partes sin ocupar espacio, no se necesita manual de instrucciones para activarla, logramos disfrutarla estando solos o acompañados, y, lo mejor de todo, es que se adquiere "gratuitamente". Aunque se puede recurrir a ayudas particulares como la "Risaterapia", de la cual se ofrecen sesiones dirigidas.

Existen millones de motivos para llorar. Sin embargo, hay que optar por los que nos hacen reír... los que nos hacen vibrar.

h) RELACIONES AFECTIVAS: Los gestos íntimos como caricias, besos, abrazos o un buen masaje corporal tienen un efecto bastante estimulante. No sólo porque empujan el corazón y el sistema nervioso a fluir con más fuerza, sino que además unifican las vibraciones producidas por dos o más personas.

Por ejemplo, el acto sexual es una de las actividades -naturales al ser humano- que más potencializa nuestra frecuencia. Y que nos puede llevar a experimentar el punto máximo de bienestar... "así sea por unos pocos segundos". Por ello, no es de asombrarse que muchas culturas ancestrales –por ejemplo la China- hicieran de la sexualidad todo un *arte* como medio para asegurar la salud y la prolongación de la vida.

Rodeémonos de gente amorosa, alegre, respetuosa y positiva, que nos contagien con su energía.

¡BUENO! Podríamos seguir nombrando cantidades de aspectos que influyen en nuestra manera de vibrar, pero es difícil cubrirlos todos. Lo que sí quiero recordar, es que el cuerpo físico es el hogar temporal de nuestro *ser* y fue diseñado con el mayor grado de excelencia. Y el mantenerlo en buenas condiciones nos brinda la posibilidad de saborear la libertad de movimiento, de acción... la libertad de sensaciones, de placeres... la libertad de existir. Eso sí, todo está en nuestras manos.

Para finalizar, quiero resaltar que una energía física equilibrada es el "boleto de entrada" para sintonizar el campo energético propio de la Corriente Mental. Y consecuentemente será el "salvoconducto" para conectarnos con la Energía Espiritual. Así como sucesivamente aparecieron las tres corrientes esenciales en nuestro desarrollo; de un modo inverso irán decayendo, una por una, si la base de todo –el organismo físico- no es estable.

Si se agota la vibración, se va muriendo nuestro cuerpo; si se va cayendo el cuerpo, se va desintonizando nuestra mente; y si se apaga la mente, desconectamos nuestro espíritu.

"La vida es como un juego de vibraciones que nos da el privilegio de palpar, por medio del maravilloso *cascarón físico,* la infinita gama que compone el universo. Y el mantenernos estimulados nos brindará un cuerpo digno de albergar una mente brillante y un espíritu altivo."

Recuerdos de Mi Experiencia...

En esta maravillosa etapa recordaría algo que mi hermano menor, frecuentemente, me recalcaba:

- ¡Haga ejercicio y vera que se le quitan todos esos males!

Con mucha frustración, yo pensaba: primero, no necesito hacer gimnasia pues estoy tan flaca que creo desaparecer. Segundo, cuando –con un esfuerzo sobrehumano- intento ir al gimnasio, termino tan sumamente agotada que me siento peor. Y tercero, ¿Qué tiene que ver el movimiento con mis emociones?

Afortunadamente, logré entender que para salir adelante *debía* estimular el cuerpo. Iba a ser muy difícil, pues, no estaba acostumbrada a realizar ejercicio ni era mi mayor placer. Pero así como, por muchos años, tuve la voluntad de tomar diariamente pastillas para la Depresión, tendría que volver el "movimiento" parte de mis necesidades primarias... parte de mi medicina.

Escribí una lista de las actividades que yo disfrutaba, y, definitivamente, el baile la encabezaba. Pocas fueron las oportunidades que tuve en la vida de participar en reuniones donde logré bailar y cantar, pero recuerdo el placer tan indescriptible que me producía. Y como para ese entonces las *veladas de fiesta* seguían escasas, simplemente decidí danzar conmigo misma.

Parecía una locura. Más que importaba. También había determinado ser una "loca" feliz.

Busqué en mi casa un lugar amplio y cómodo, para poder ejercitarme. Con música bien alegre, fui organizando una dinámica de movimiento que activara todos los componentes corporales que lograra mover al ritmo de ella: cabeza, cuello, hombros, brazos, cadera, tronco, piernas y pies. Complementada con diferentes técnicas de respiración.

Al comienzo sentía que el cuerpo no respondía, pues estaba tiesa y con poca flexibilidad. Por esto, inicié con una rutina corta (cinco o diez minutos) para luego ir aumentándola (treinta o cincuenta minutos) a medida que fuera capaz.

¡En muy corto tiempo, se generaron cambios reconstituyentes !

Adquirí soltura y destreza. Los malestares físicos fueron desapareciendo. Mi cuerpo dejó de sentirse pesado; la fatiga se disipaba y tenía más energía para continuar el día. Ya me encontraba con ganas de jugar con mis hijos o salir a pasear a cualquier parte. Y los sentidos se despertaban con la emoción de disfrutar todas las cosas que alguna vez, en mi niñez, me estimularon.

Fuera de la dinámica de movimiento -que trataba de hacer diariamente o como mínimo tres o cuatro veces a la semana- decidí asumir los oficios de la casa con el propósito de complementar el ejercicio. Y por allí derecho tener un ambiente organizado y agradable que alentara a toda la familia.

Seguramente si alguien se hubiera asomado por la ventana, se reiría al ver las divertidas sesiones *bailables* que comencé a tener con mis parejos "la escoba y el plumero". Los actos de barrer, limpiar, lavar y ordenar dejaron de ser un motivo para sentirme abusada por la vida; más bien, los empecé a utilizar, para darle un empujón a mi vida.

También adquirí la costumbre de masajear mis pies, manos y cuero cabelludo. Tomar sol con más frecuencia. Aprovechar la oportunidad de nadar, si se me presentaba. Y darle unos toques más apropiados a la forma de alimentarme.

Les confieso que fue más fácil de lo que imaginaba. Pues a medida que la frecuencia energética del organismo va cambiando, con el movimiento, así mismo se van transformando los *gustos*. Ya no tenía que empujarme, como antes, para consumir alimentos naturales como frutas, verduras y miel. Se fue creando una apatía hacia productos como las grasas, carne, bebidas gaseosas y alcohólicas. Además, de un momento a otro, comencé a rechazar el cigarrillo, lo que me ayudó a dejarlo fácil y definitivamente. El placer por los espacios abiertos e iluminados fue apareciendo con sutileza. Sin olvidar que mi ropero se renovó con colores vivos y alegres.

No sólo mi cuerpo respondió positivamente - saludable y fortalecido- sino que también me percibía más tranquila, animada y mucho menos ansiosa.

Entendí que no todas las personas se pueden activar de la misma manera, y que debemos establecer nuestro propio ritmo y la actividad más conveniente para sostenernos en el Punto Óptimo. Así que opté por acciones que me gustaran, con el tiempo y la constancia apropiada para percibirme cómoda.

Crear nuevos hábitos es todo un proceso; pues al principio uno siempre tiende a retomar las *mañas* que ha manejado por tantos años. Varias fueron las oportunidades en que perdí la continuidad de ejercitarme, e inmediatamente comenzaba a caer en el estado pasado de cansancio, acompañado con irritabilidad. No obstante, al pensar en el sentido tan importante que tiene toda esta cuestión del movimiento, mi alma se animaba y sacaba las fuerzas para hacerlo. "Rescatando el gran valor que poseían las palabras de mí querido hermano".

¡Sí! Sin lugar a duda mi gran metamorfosis comenzó a notarse el día que decidí mover el cuerpo físico. Y como siempre, agradezco al universo por haberme dado el coraje de convertir en rutina el *activarme* de una forma agradable, sencilla y natural. Y por qué no decirlo: modesta y sin costo alguno.

El fortalecimiento de la energía material acabó con cantidades de aspectos perjudiciales que durante tanto tiempo me acompañaron, y crearon una base mucho más sólida para mi estructura personal. Pero aunque todo ésto era uno de mis mayores logros, tenía que ser fuerte para continuar con el paso siguiente: tumbar el dique que estaba represando la base de nuestra expresión mental... la *Segunda Corriente Original... la Energía Mental...*

XI
Nuestra
Energía Mental

La Energía Mental es la corriente universal que nos brinda, a los seres vivos evolucionarios, la materia prima necesaria para formar ideas y conceptos acerca de lo que experimenta el cuerpo físico. Además, de ser la generadora de una amplia gama de sensaciones.

Luego del nacimiento y con estímulos externos, nuestra Energía Física debe seguir subiendo su frecuencia hasta un punto determinado donde se pueda abrir una *segunda ventana,* y comience a fluir la Energía Mental o el "humito amarillo".

Por esto, cuando estamos bebes, no es sino hasta los varios meses de edad que logramos coger conciencia del propio cuerpo y discernir el entorno. Posteriormente, durante el crecimiento y a medida que la vibración mental aumenta, captamos más datos indispensables para entender y resolver cualquier aspecto de la supervivencia. Y por último, podemos asimilar información adicional que colabore tanto al desarrollo personal como al progreso social.

Es por medio del *Cerebro* -elemento material de alta tecnología que sirve de procesador o convertidor– que percibimos las "invisibles" ondas cósmicas. En un proceso similar al que realiza un computador cuando se conecta a la red de *Internet*. Al principio aparece un esquema inicial de ventanas, que nos dan las pautas generales para entender el funcionamiento del sistema operativo básico; pero, después, podemos buscar y *descargar* cualquier programa especial que queramos explorar.

El *conocimiento* siempre ha estado en el universo. Absolutamente toda la información concerniente al complicado tema de la existencia está inscrita en el Circuito Mental. El pasado, presente y futuro se encuentran a disposición en el momento que logremos sintonizarnos con esta gran "memoria" celestial.

Los grandes genios, que se han adelantado cientos de años en dictámenes y ayudado a la evolución mundial en las distintas etapas de la historia, han mantenido, de alguna manera, un enlace directo con esta poderosa energía que se manifiesta en sus inquietas mentes.

Equivocados estamos si creemos que la única vía para *aprender* acerca de todos los aspectos de la vida es a través de las enseñanzas dejadas por nuestros antecesores. No podemos negar que ellos dan testimonio del material que se ha tratado anteriormente; sin embargo, debemos entender que cuando nos enlazamos correctamente con el *flujo mental original,* abrimos el canal para asimilar juicios nuevos, avanzados y más evolucionados. Que también son un obsequio, sin costo alguno, brindado por la esencia creadora.

¡*El Saber* no se inventa; solamente se capta, se procesa y se interpreta. Y la creatividad no es exclusiva de los más estudiados sino de los mejor sintonizados!

Ahora bien. La Energía Mental, además de ser la sustancia básica del intelecto, también es la generadora de las *emociones*. Sí, así como lo estás leyendo: "La Corriente Mental es la que nos produce el amor, alegría, seguridad, tranquilidad y miles de percepciones más que podemos experimentar".

Si retomamos el concepto de la antena radial, podemos decir que, con cada razonamiento, nuestra mente produce *una onda vibratoria individual y particular*; la cual a su vez, e inmediatamente, se conecta con otra frecuencia análoga trasmitida por la Mente Universal. Así el aparato cerebral recibe un impulso único que es reproducido y amplificado hacia el interior del cuerpo físico, dando manifestación a alguna emoción.

Parecido a las teclas del piano cuando son presionadas; cada una difunde un sonido que estimula el sistema auditivo particularmente. De la misma forma, cada idea que vibra en nuestra cabeza toca una "tecla" en el cosmos que nos genera un "tono" exclusivo para ser esparcido a través de nuestro "radio". Similarmente, así como la vista, oído, tacto, gusto y olfato son sentidos que perciben los variados estímulos materiales (calor, frío, duro, suave); el "pensamiento" es un *sentido* más, que nos facilita palpar las impresiones brindadas por la majestuosa Corriente Mental.

El contacto con la Energía Física nos produce las *sensaciones*; el contacto con la Energía Mental, las *emociones*.

¡Por último, hay que tener en cuenta algo muy importante!

La Corriente Mental forma un espectro de información e impulsos que también son captados a través de un Espacio Frecuencial. Si estamos acoplados con ella, captaremos emisiones auténticas y placenteras. Pero, lastimosamente, si nuestra frecuencia mental se ve poco estimulada o, por el contrario, sobre exaltada, comenzará a vibrar en cualquiera de los Espacios Decreciente o Creciente; dando como resultado pensamientos negativos y falsos, junto con emociones desagradables y molestas.

Nuestra Energía Mental en su Punto Óptimo

El *intelecto* también se construye de un modo gradual. Y cuando nuestro flujo mental alcanza su Punto Óptimo de frecuencia, cuenta con el 100% del material necesario para trabajar efectivamente.

Empezamos a manejar la lógica con facilidad, lo que favorece el desarrollo intelectual. La creatividad brota constantemente, trayéndonos ideas innovadoras en cualquier asunto que nos interese. Contamos con buena memoria y una favorable capacidad para aprender. Y la gran circulación de conceptos nuevos nos genera preguntas que incitan nuestra *inquieta* naturaleza a encontrar respuestas y seguir avanzando.

Todo ésto nos da herramientas útiles para formar conceptos claros y optimistas acerca de la vida y la estrategia de cómo sobrevivir en ella. Fuera de tomar decisiones correctas -en el trabajo o en cualquier otro aspecto social- que producirán eficiencia, logros y prosperidad.

Como complemento, el mantener un volumen mental adecuado nos brinda la oportunidad de advertir emociones estimulantes. No sólo porque al percibirnos capacitados para desenvolvernos socialmente ganamos auto-estima, confianza y seguridad, sino que al crear pensamientos positivos, garantizamos una respuesta universal que nos hace sentir "bien" físicamente.

La Energía Mental, en el lugar preciso de vibración, siempre trae condiciones imprescindibles para el cuerpo, la razón y, definitivamente, el corazón.

Nuestra Energía Mental en los niveles del Espacio Decreciente o Depresión Frecuencial

Igual que le sucede a la materia física cuando no es estimulada, la Energía Mental va mermando su velocidad vibratoria si no la incitamos constantemente a permanecer en el Punto Medio de Frecuencia.

Así como, de un modo progresivo, la mente empezó a captar la información necesaria para el manejo del cuerpo, el entendimiento del entorno y la forma de sobrevivir; inversamente se irán borrando los datos, uno a uno, a medida que el fluir de la materia *"amarilla"* va disminuyendo.

El "software" que un día construyó nuestro intelecto se va desprogramando, y la red de pensamiento comienza a fallar.

Al irnos saliendo de sintonía, las ideas ya no llegan tan claras y los conceptos se van distorsionando. Cada vez es más complicado utilizar la lógica para razonar los procesos de vida. Es difícil concentrarnos y memorizar. El ingenio comienza a desvanecerse. Nos sentimos incapaces de ofrecer proyectos renovadores en el hogar, el trabajo o la comunidad; aferrándonos firmemente a lo establecido. Aparece la inseguridad y el miedo a cambiar. No solamente perdemos la capacidad de enfrentar los inconvenientes que se presentan, sino que la mente -literalmente- se bloquea para resolverlos. Y este estado, en general, va originando una sensación de impotencia y auto-rechazo.

Queramos o no, al estar vibrando en el campo de frecuencias bajas, nuestros pensamientos se tornan negativos; y los juicios acerca de todo lo que nos rodea se dan pesimistas y desalentadores.

Consecuentemente las emociones también se *desploman,* ganando terreno la impaciencia, irritabilidad y rabia. Y el percibirnos tan incómodos con nosotros mismos, nos lleva a buscar alrededor a quién descargarle la culpa y a adoptar conductas de cantaleta, sarcasmo y muchas veces, agresividad.

Ilustremos con un ejemplo:

Son las primeras horas de la mañana. En el salón del comedor, me encuentro sentada frente a mi pequeña hija, con el tiempo necesario para tomar el desayuno y llegar temprano al colegio. De repente, ella, con un movimiento *involuntario,* golpea el vaso de leche y éste se eleva en el aire hasta caer fuertemente, derramando el preciado líquido. Nuestra ropa, el mantel y el piso quedan empapados y pegajosos.

Si mi estado mental normalmente se sostiene en uno de los niveles *más bajos* del Espacio Decreciente, las circunstancias se tornarán poco agradables: El primer concepto que yo tomo del "escenario" es completamente negativo. Me siento irritada, el corazón se agita y la presión arterial se eleva. Miro a la niña con ojos inquisidores, pues, la veo como la causante de un acontecimiento que, para *mi mente,* es un gran problema. Se adicionan pensamientos pesimistas, como el esfuerzo que voy a tener que hacer para limpiar el reguero y lo tarde que vamos a salir. Lo más probable es que –sin pensar– regañare severamente a mi hija por lo torpe que ha sido, y ella a su vez comience a llorar con un rostro temeroso.

El tiempo que empleo limpiando, peleando con la chiquita que ya no quiere ir a ninguna parte, sintiéndome victima de la vida y organizándome de sobremanera para lucir bien, nos demorará la partida. En el camino al colegio, me enojaré tanto con la gente que va *menos rápido* que nosotros, que usaré otros pocos de los escasos minutos restantes para pelear con quién se atraviese. Efectivamente, llegaremos tarde a nuestros destinos; y con seguridad contestaré de una manera explosiva y defensiva cuando mi jefe me reclame.

Toda esta cadena de acontecimientos adversos me hace sentir peor. Mis vibraciones, que ya bien bajas están, caerán a niveles mucho más bajos... niveles a los que nadie quiere llegar.

Ahora bien, si mi frecuencia se conserva en un punto *medio* del Espacio Decreciente; la reacción será un poco menos extrema, pero seguirá siendo negativa: Lo sucedido lo conceptualizo como un inconveniente, pero alcanzo a entender que no fue culpa de la pequeña. *Reprimo* mi ser interno para no gritar o demostrar mi gran enojo; sin embargo, utilizo comentarios con segunda intención, como: "¿Por qué me pasa esto a mí? Ahora me van a regañar en el trabajo, pero, no te preocupes, no fue tu culpa". El pensar que vamos a estar retrasadas va creando angustia y, quizás, malestar en el estómago. Probablemente la mayoría de semáforos nos toquen en rojo o el transito esté bien congestionado, pero me siento incapaz de hacer algo al respecto. Y, en efecto, al llegar a la oficina y tampoco tener la valentía de defenderme cuando el jefe me recuerde la falta que cometí por llegar tarde, aumentará la rabia y frustración.

Una parte de mi mente es consciente de que este estado no es el correcto; la otra parte, no lo es. Por lo que, durante todo el día, batallaré una guerra interior de mis sentimientos contra la lógica. Mi vibración se mantiene en un punto de tensión, y me esfuerzo permanentemente por no pensar lo que pienso... por no sentir lo que siento.

En contraste, cuando la frecuencia se conserva en su *Punto Óptimo*, la situación lucirá muy distinta. Todas mis reacciones se darán naturales, positivas y sin resistencia: Es muy probable que después del "tsunami de leche matutino" me salga una gran carcajada, y contagie de risa a la chiquilla. Espontáneamente aparecerán ideas alegres, como hacer una guerra de leche y luego una competencia para ver quién limpia y se cambia la ropa primero. La niña se moverá más rápido que nunca, y verme agradable, de nuevo, será cuestión de segundos. Aunque parezca mentira, lo más probable es que el tráfico esté fluido y tengamos la fortuna de tener luz verde en gran parte de las intersecciones. Mi hija se quedará feliz en su escuela. Y después de llegar "a tiempo", y en vez de recibir una reprimenda en el trabajo, más bien compartiré con mis compañeros la estimulante mañana que he tenido.

Mi cuerpo se siente bien, mi mente abierta y mi energía corre vigorosamente.

En conclusión, el problema no es que la niña haya regado la leche; el *problema* se genera dependiendo del nivel de vibración en el que, yo, conceptualizo la situación. Entre más baja esté la vibración de la Energía Mental en su Espacio Frecuencial, más nublada se torna la capacidad de entendimiento real y más desfigurado se presenta el estado emocional. La personalidad se empaña con condiciones -ajenas a nuestra esencia- de ansiedad, angustia, desesperación, amargura, tristeza y desesperanza. Muchas veces volviéndonos dependientes sentimentalmente de los demás.

Los pensamientos y emociones correctos van dejando de ser. Y lo más lamentable, es que los *incorrectos* se van convirtiendo en costumbre... en hábito... en nuestra forma de vida.

¿Cómo podemos estimular nuestra Energía Mental y mantenerla en su Punto Óptimo de Frecuencia?

Hoy en día se ha ido adquiriendo conciencia de la importancia de cuidar el cuerpo material. Pero no todo el mundo tiene en cuenta que el *cerebro* también debe ser "ajustado" constantemente.

Así como nos cuidamos físicamente, mantener nuestra mente en su lugar, requiere conductas y actividades divertidas que se nos vuelvan habituales. Y de nuevo, parecerán sencillas y demasiado comunes, pero tengamos en cuenta que las cosas innatas a nuestra naturaleza son las más efectivas... las más productivas.

Debo repetir y enfatizar lo crucial de no ir a sobre cargar la energía, pues, entraríamos al campo del *Estrés* que igualmente genera condiciones dañinas para la estabilidad mental y emocional.

Veamos algunos de los aspectos más importantes e indispensables para incitar la Energía Mental:

a) ENERGÍA FÍSICA en EQUILIBRIO: Como ya mencioné, aunque cada una de las tres corrientes energéticas es individual, al mismo tiempo se correlacionan. Por ello cuando la Energía Material baja demasiado su frecuencia, arrastra la Corriente Mental a vibrar en su propio Espacio Frecuencial.

El conservar un cuerpo sano y activo nos facilita poner en sintonización la mente. De lo contrario, tendremos que esforzarnos el doble para conservar un proceso mental favorable. (En el capítulo anterior se pueden encontrar las formas de avivar la Energía Física).

b) PENSAMIENTOS POSITIVOS: El acto de razonar positivamente es parte de nuestras características congénitas; y nos acompaña desde la infancia, en el primer instante que la Corriente Mental entra a fluir en el cerebro.

Por desgracia, de una u otra manera, en un mundo tan confundido como el nuestro, pensar en afirmativo es bastante difícil de sostener. Pues, en el transcurso del crecimiento, son muchos los aspectos que empujan nuestro flujo racional a caer en espacios negativos; volviéndosenos costumbre el vibrar en frecuencias fuera de sintonía.

Sin embargo, activar y retomar la actitud inicial del intelecto es más fácil de lo que pensamos. En la actualidad, existen diversos sistemas que enseñan como formar el hábito de tener pensamientos positivos. Cantidades de libros, videos y CDs se pueden encontrar en librerías, bibliotecas y otros sitios que promueven la auto-superación y el *control mental*. Podemos escoger cualquiera que nos brinde comodidad, placer y, sobre todo, buenos resultados.

Pero, quiero comentar una actividad que, para mí, ha tenido el mayor grado de eficacia cuando se trata de optimizar la mente: la meditación.

- *Meditación* es un término utilizado para nombrar las variadas técnicas con que el ser humano logra crear vibraciones cerebrales -análogas a las emisiones del espacio espectral que se nos ha asignado- para conectarse con la gran Corriente Mental.

Por medio de la relajación del cuerpo físico y de la contemplación en algo particular como objetos, imágenes, sensaciones o, simplemente, en el vacío; podemos llevar el cerebro, de nuevo, a vibrar en frecuencias originales y placenteras.

En la historia de la civilización, todas las culturas han tratado de desarrollar métodos o disciplinas *propias* de concentración y recogimiento para enfocar los pensamientos y armonizar el ser. Muchas de ellas se pueden rescatar; sin embargo, más adelante hablaré más a fondo de una dinámica muy efectiva que yo llamo "Radio-Meditación".

Mientras tanto, digamos que la *meditación* es el "gimnasio" de la mente para mantenerla en "buena forma". Y si logramos volverla parte de nuestras rutinas diarias, como alimentarnos o vestirnos, es uno de los instrumentos más poderosos para lograr grandes transformaciones personales. Recomiendo practicarla en sitios tranquilos y naturales como la playa, jardines o parques. Aunque, lo más favorable, es destinar un lugar cómodo en nuestra casa; dejándole saber a los demás que es nuestro "rincón sagrado", y no nos deben interrumpir mientras estemos allí.

Si proyectamos vibraciones de sabiduría, obtendremos respuestas sabias; si pensamos en la felicidad, percibiremos alegría y no tristeza; si visualizamos paz, ésto mismo sentiremos. Y si el deseo es experimentar cualquier sustantivo "positivo" que encontremos en el diccionario - seguridad, paciencia, fortaleza, optimismo, tolerancia, perdón- nuestra persona recibirá, exactamente, las mismas emociones.

Pensar positivamente nos hace participes de las bondades que nos ofrece la existencia; pensar negativamente nos transforma en cómplices de la confusión, el entorpecimiento, el sufrimiento y el distanciamiento de lo que, realmente, somos.

c) LA LÓGICA: Es la capacidad de tomar decisiones acertadas, y actuar efectivamente, para lograr un resultado esperado. Y es otra de las herramientas innatas de nuestra especie, que también ayuda a crear vibraciones equivalentes a la Energía Mental.

Cientos de labores, amenas y prácticas –muchas de ellas rezagadas por los tiempos modernos– fomentan el sostener fija la atención en algún proceso mecánico. Donde no solamente se incita la observación, concentración y capacidad de discernir y construir en forma correcta; sino que, generalmente, también pueden ser un elemento clave para socializar con hijos, familiares o amigos. Nombremos algunas:

- Armar Rompecabezas
- Llenar Crucigramas
- Coser, Bordar o Tejer
- Elaborar manualidades en cualquier tipo de material como cerámica, vidrio, madera, papel, plastilina, etc.
- Juegos de Mesa como ajedrez o naipes
- Juegos con piezas para ensamblar y construir
- Actividades Matemáticas o Numéricas
- Memorizar Versos, Trabalenguas o Adivinanzas
- Leer en voz alta

En fin, cualquier función ingeniosa que nos ponga a trabajar el "coco".

El universo es lógico, coordinado, exacto, preciso. Y el uso frecuente del *razonamiento* nos sintoniza con estos valiosos atributos.

d) DIBUJO, PINTURA y ESCULTURA: Artes que tampoco se escapan de formar parte del legado universal para la especie humana.

El proceso de observar, diseñar y construir algún proyecto que conjugue líneas, formas, composición y balance, no sólo nos lleva a utilizar la auto-expresión y obtener un resultado visible, sino que pone a vibrar nuestro cerebro a niveles muy favorables.

Desarrollemos la habilidad de esfumar un carboncillo sobre espacios vírgenes para darle imagen a los pensamientos; juguemos con las texturas, materiales y colores para expresar lo que nuestro corazón anhela; dejémonos embriagar por la esencia del escenario donde se desarrolla la existencia: *la belleza.* ¡Que más agradable y recreativo!

e) TOCAR INSTRUMENTOS MUSICALES: La acción de transmitir música, a través de *artefactos*, es una costumbre ancestral.

El proceso, lógico y coordinado, que deben tener las diferentes partes de nuestro cuerpo para activar un instrumento -junto con la variada escala de ondas sonoras que son emitidas por éste- nos estimula cerebralmente y cambia nuestra frecuencia energética.

Alrededor del mundo existen millones de instrumentos que, como ya dijimos, al ser combinados con el canto y la danza, pueden ser una "medicina" muchísimo más efectiva que los fármacos. Escojamos cualquiera de ellos que nos sirva como terapia para concentrar la mente y deleitar el alma.

f) ESCRITURA: Manuscribir signos o símbolos, de un modo racional y regular, es otro de los utensilios a los que tampoco se le da la importancia merecida, pues, parece demasiado normal y corriente.

Escribir espontáneamente, con el fin de expresar pensamientos y emociones propios, es el mejor método para colocar ideas en orden y *clarificar* conceptos acerca de la vida; ayudándonos, enormemente, al auto-conocimiento.

Y no importa si no somos profesionales en el campo. Escribamos por la necesidad de elevar la Corriente Mental y Emocional... escribamos, para no reprimir el instinto natural que nos empuja a transmitir en "tinta" nuestras vivencias y sabiduría.

Para conectarnos con el majestuoso Circuito "Amarillo" lo único que debemos hacer es: primero, anhelar vibrar con él; segundo, adoptar hábitos sanos y funcionales que canalicen nuestras ideas con nitidez; y tercero, darle paso a todos los datos y las emociones que se nos envían. No tenemos que pelear contra sentimientos negativos; solamente hay que dejar entrar los positivos y lógicos. Cada una de las condiciones que conforman la infinita gama cósmica -digna del ser humano– fluyen a través de nuestro ser en el momento en que el *deseo verdadero* pide experimentarlas.

Finalmente, tengamos en cuenta que solo una mente sana, fluida y equilibrada es la única capaz de crear vibraciones acertadas para que circule la Energía Espiritual. Además de posibilitar la manifestación de esa *voz,* sabía y divina, que habla en nuestro interior y espera pacientemente a ser escuchada.

"Gracias a la maravillosa Mente Universal se nos brinda el honor de captar información y sentir sensaciones *más allá* del mundo material… se nos brinda el privilegio de ser conscientes de nuestra propia existencia. Y el mantenernos estimulados, es la llave exclusiva para abrir la puerta que nos conducirá a la espiritualización o evolución como seres eternos."

Recuerdos de Mi Experiencia...

Ya había dado el primer paso de estimular mi cuerpo físico. Pero, durante esta etapa, también entendí que necesitaba medidas prácticas para sintonizar mi frecuencia vibratoria mental y lograr conectarme con las transmisiones cósmicas correctas.

Acepté que me había acostumbrado a pensar de una manera contraproducente. Y aunque sentía que *re-programar* el nivel en que estuvo vibrando mi cerebro, durante tantísimos años, iba hacer casi imposible; estaba convencida que si el libre albedrío era la "perilla" para cambiar mi "estación radial", entonces el intenso deseo de salir adelante sería el motor para conseguirlo.

Les juro que nunca imaginé lo fácil que es *re-conectarse* con las emisiones originales. Pues cuando se hablaba de *meditación*, me llegaban imágenes de hombres muy delgados, casi esqueléticos, vestidos con un lienzo blanco plegado en forma de "pañal", con barbas largas y canosas, sentados en una posición de "nudo" a la orilla del río Ganges, en la India, o sobre un "suavecito" colchón de puntillas. Prácticas milenarias y demasiado excéntricas para mi cultura. Pero, ahora cuando el panorama era más claro, comprobé que la meditación es el instrumento más eficaz cuando se trata de canalizar la mente. Y que no eran necesarias técnicas complicadas, ni ambientes extraños, ni un cuerpo de "caucho", ni horas interminables de silencio y quietud. Por el contrario, también podía ser efectiva haciéndola sencilla, en pocos minutos y en espacios que fueran familiares.

Entonces, basada en el concepto de que somos organismos transmisores y receptores de ondas radioeléctricas, adopté un estilo de meditar al cual nombré "Radio-Meditación". Con esta *normal y simple* práctica de usar palabras afirmativas, en actitud de reposo, incitaría mi intelecto a producir solamente vibraciones altas y emociones estimulantes; acostumbrando mi Energía Mental, de nuevo, a conservar su estado natural.

Y qué mejor momento para tener recogimiento y tranquilidad que, cada noche, cuando mi hija me pedía, con carita tierna, que la acompañara al pie de su cama para dormirse escuchando mis rezos.

Con una respiración profunda lograba relajar el cuerpo, hasta sentirme serena y envuelta en el silencio. Luego, al escuchar el sueño profundo de mi *bella durmiente*, pensaba en las cosas "lindas" que quería obtener. Debía ser muy específica, pues, por cada idea emitida, recibiría algo a cambio. Entonces, hice una lista de algunas de las palabras que forman el espectro positivo y las agrupé según los diferentes aspectos de la vida. Creando una *meditación inicial o básica*, así:

- Mente: *creatividad, iluminación, sabiduría, verdad, claridad y entendimiento.*
- Corazón: *amor, paz, alegría, bondad, respeto, perdón y tranquilidad.*
- Espíritu: *seguridad, fortaleza, coraje, entereza, honestidad y dedicación.*
- Cuerpo: *salud, vitalidad, belleza, equilibrio y*

excelencia.
- General: *prosperidad, productividad, armonía, comunicación, humor y realización.*

Fuera de poder adicionar cualquier otro término que complementara la lista; a diario repetía lentamente todos éstos vocablos y producía la vibración para cada uno de ellos con el deseo profundo de mi corazón. Visualizando el *humo universal,* entrando por una "ventana" situada encima de mi cabeza y transmitiéndome las sensaciones respectivas, la mente aumentaba su frecuencia energética creando un cosquilleo general en el cuerpo. Me tomaba aproximadamente cinco o diez minutos; aunque, si me era posible, la hacía mucho más extensa.

Yo sé qué estás pensando. Sí, tú, mi querido lector. Sé qué te estás preguntando: "¿Eso es todo?" Y mi respuesta sería: "Haciéndolo correctamente… ¡Sí, eso es todo!… por ahora". Pues más adelante cambiaría la *meditación inicial*, por una más completa, que me ayudaría también a canalizar la Energía Espiritual. Y déjenme decirles que de no ser porque lo viví en cuerpo propio, tampoco creería que algo tan sencillo produjera los asombrosos resultados que fueron apareciendo, cuando el meditar se volvió parte de mis necesidades.

Al vibrar en positivo, los pensamientos comenzaron a darse optimistas; las emociones agradables y normales. Mi intelecto estaba lúcido para entender criterios nuevos que me llegaban por medio de personas, libros o películas. El entendimiento se expandía. Las situaciones que antes me creaban rabia y angustia, ahora las enfrentaba con calma y resolución, para tornarlas en algo enriquecedor. Y hoy recuerdo uno de los primeros cambios que noté en mí estado emocional, cuando el "mal humor" y la tristeza dieron paso a la paciencia y la alegría.

A medida que mi condición de pensar, sentir, hablar y actuar se convertía en una más segura, creativa y, porque no decirlo, más sabia; milagrosamente el comportamiento de aquellos que me rodeaban también fue transformándose. Así, la interacción con mis hijos y amigos se dio más fraternal y abierta. La relación de pareja recuperó cualidades perdidas en el transcurso de los años y ganó otras nuevas que la fortalecieron.

Entre más reafirmaba todo el inventario de palabras afirmativas, se creaba una especie de "sismo energético"; una sacudida de todos los elementos de mi vida, que comenzaban a moverse y a reacomodarse con efectividad. Como cuando se tiene un tablero de ajedrez y, con estrategia, se van dando las jugadas para lograr un resultado magistral. No tuve que cambiar de "tablero" para continuar jugando; simplemente adopté tácticas diferentes que hicieran el "juego" más interesante y estimulante.

Me sentía extraña sacándole gusto y viéndole un sentido real a todo lo que realizaba. Y mirar alrededor con optimismo, al margen de las circunstancias que tuviera que enfrentar, me ayudó a tomar cada momento como una oportunidad para reafirmar mi personalidad y mi evolución. La "transformación" era tan evidente, que la gente comenzó a notarlo. Me percibían más animada, despierta, receptiva y, créanlo o no, hasta chistosa.

Experimenté una paz inimaginable. Y una confianza en que todo lo anhelado, con una fuerza correcta, llegaría tarde o temprano. Aprendí a *pedir* sin sentirme culpable ni abusiva. Por el contrario, entendí que si no *deseaba* y no creaba vibración de mis aspiraciones, me iría saliendo del canal por donde se obtienen los resultados.

El universo aguarda atento e inmóvil, hasta que nosotros lo estimulemos a vibrar plenamente y, él, consiga enviarnos la gama completa de sus hermosas melodías. Como las teclas del piano: solo suenan las que son presionadas, y las demás, permanecen en silencio esperando el momento que nuestros dedos les den un impulso para poder manifestar el sonido.

Gracias a la "Radio-Meditación" mis oscilaciones mentales cambiaron de frecuencia... cambiaron de *emisora*. Además de crear en mí la habilidad de regresar al Punto Óptimo fácil y rápidamente, si en algún instante cualquier aspecto externo me afectaba y me tiraba a espacios de frecuencia baja.

El haber aprendido a sintonizar mi mente fue otra de mis enormes reformas. Pero yo sabía que faltaba por dar el último paso. El toque final para una completa recuperación: mejorar la comunicación con mi guía interna y despertar *la Tercera Corriente Original... la Energía Espiritual...*

XII

Nuestra
Energía Espiritual

La Energía Espiritual es la corriente básica que sirve como canal cósmico para captar datos y emociones con frecuencias vibratorias mucho más elevadas que las que manejan nuestra materia física y mental.

En condiciones normales de la persona, no es sino hasta los cinco o seis años de edad -cuando la Energía Mental llega a cierto punto de frecuencia— que se abre la *tercera ventana* para darle paso al "humito azul". Poderosa energía que nos brinda variados aspectos, tales como:

1- Incita la mente a razonar y a cuestionarse qué consecuencias, positivas o negativas, puede acarrear cada una de nuestras actuaciones en un momento dado. Volviéndonos más conscientes; menos instintivos. Y habilitando el "Libre Albedrío" que nos permite tomar, por primera vez, *decisiones morales.*

2- Nos envía sensaciones con unas frecuencias más fuertes que las producidas por las otras dos energías primarias. Estas emociones *superiores o supremas* son llamadas "Valores", y facilitan la interacción con los demás. Así, tenemos la libertad absoluta de experimentar el amor, respeto, compasión, bondad, lealtad, nobleza, honestidad, fortaleza; o, por el contrario, de alejarnos de la esencia central y experimentar el odio, desconsideración, egoísmo, temor, envidia, rabia, vanidad, soberbia.

3- Y a todos los privilegios que recibimos a través del Circuito Espiritual, podemos adicionar uno más. La oportunidad de entrar en contacto con el regalo más preciado que ganamos los seres universales evolutivos: El Ajustador de Pensamiento.

El *Ajustador de Pensamiento o Monitor Divino* llega a nuestra mente directamente de "DIOS" para servir como medio transmisor y elevador de nuestros pensamientos; con el noble objetivo de mejorar los conceptos acerca de la vida y hacernos vislumbrar el papel que tenemos como individuos en vía de un "destino" paradisiaco, perfecto e infinito. Esta voz interna que nos sirve de director, consejero, maestro, guía, asesor o brújula; no solamente es la herramienta más avanzada que poseemos, sino que es *individual y exclusiva* para cada uno de nosotros. Con respeto y grandeza, el "Ajustador de Pensamiento" espera pacientemente que la persona que lo alberga algún día logre tener las condiciones mentales apropiadas para *activarlo*; y, él, pueda desarrollar el importante papel de colocar en contacto nuestra energía personal con las frecuencias de la Energía Creadora.

El *cuerpo* junto con la *mente* dan vida a la "Personalidad", única, de cada individuo. Y la "Personalidad" con el *espíritu* forman el "Alma"; toque especial que nos diferencia del resto de componentes del mundo material que nos rodea.

Nuestra Energía Espiritual en su Punto Óptimo

Del mismo modo que las otras dos energías primarias forman un Espacio Frecuencial y se manifiestan *gradualmente* en nuestro ser, la Corriente Espiritual también lo hace.

La sintonización del *espíritu* es el elemento primordial para pasar de un estado animal instintivo y de simple sobrevivencia "físico-mental", a otro, donde nos convertimos en individuos más evolucionados y conscientes de nuestra real existencia.

Cuando logramos subir la frecuencia hasta el Punto Óptimo, experimentamos una conexión con aquella energía poderosa, que nos hace sentir parte de un perfecto engranaje de coexistencia y nos *atrae* a continuar viviendo y progresando. Creando una sensación de un "más allá" que, aunque no lo veamos o acabemos de entender, espera pacientemente para brindarnos experiencias cada vez mejores.

Adoptamos *valores* que fortalecen el interior y nos ayudan a convivir humanitariamente con lo exterior. La acción de "servicio" hacia el prójimo se va volviendo una auténtica razón de existir; casi, una necesidad. Además, encontramos la fortaleza de luchar por cambiar aquello que pensamos es incorrecto, y de promover sistemas justos y productivos para el mejoramiento de las sociedades.

Otro de los aspectos principales de mantener conectado el *espíritu* es proporcionar las condiciones para que, en un momento dado, se entable una comunicación directa entre nuestra mente y la *vocecita guía* o "Monitor Divino".

Este diálogo irá transformando el entendimiento, para que paulatinamente cambiemos las ideas erróneas -adquiridas a través del crecimiento- por otras *verdaderas* que expandan nuestra conciencia. Para que visualicemos la importancia del auto-conocimiento y auto-control; respetándonos, valorándonos e identificando un carácter propio. Y para tener el coraje de buscar y alcanzar los caminos de progreso, éxito, productividad y satisfacción.

El sentir esta vibración interna nos da una sensación de tener una *compañía sabia*, que brinda las palabras y emociones adecuadas en situaciones de confusión y desesperanza. Un impulso que promueve la "Fe" en un DIOS o "fuente superior", creadora de una vida digna para cualquier ser que *escoge* continuar el largo recorrido hacia ella.

Recordemos que nuestra Energía Mental debe fluir en un volumen específico para crear el ambiente propicio que prenda la chispa espiritual. Sin embargo, si a su vez, la Corriente Espiritual es pobremente activada o por el contrario es sobre-estimulada; comenzaremos a vibrar en los espacios

Decreciente o Creciente, que la conforman, y nos perderemos de todos sus grandiosos beneficios.

Nuestra Energía Espiritual en los niveles del Espacio Decreciente o Depresión Frecuencial

Igual que las Energías Física y Mental, la Corriente Espiritual debe ser estimulada constantemente, para que su flujo no vaya cayendo al Espacio Frecuencial Depresivo; pues de lo contrario, todos sus atributos se irán distorsionando, nivel por nivel.

Y es paso a paso –a medida que nos desintonizamos- que vamos perdiendo la sensibilidad de esa *fuerza de gravedad* que nos atrae hacia la esencia central del universo. Aparece la duda y la incertidumbre acerca de la existencia. No logramos entender el *sentido y propósito* real de la vida. Persiste una impresión de que falta "algo" que no identificamos; generándonos vacío, soledad y desesperanza. Por lo cual nos aferramos a los demás, obsesivamente, buscando amor y soporte. O les damos atributos *divinos* a personajes religiosos (de carne y hueso) que se presentan más reales para nuestra percepción. ¡Entre menos sentimos, menos creemos; y la FE se desmorona!

Los sentimientos altruistas se van esfumando, uno por uno; y las emociones negativas van cobrando vida, una por una. Es fácil volverse esclavos del odio, celos, intolerancia, egoísmo, desconfianza, codicia y miles de otras vibraciones bajas que atormentan y entorpecen el Alma. El no manejar claridad de pensamiento ni estabilidad emocional origina una vida llena de tropiezos, comportamientos inadecuados y sensaciones ajenas a las anheladas. El sistema del "Libre Albedrío" comienza a fallar, y la voluntad propia va dejando de existir.

Para acabar de componer, al tener la base espiritual poco firme, encontraremos una gran dificultad para entablar la relación con el *Ajustador*; perdiendo esa ayuda única, correcta e inmediata para enfrentar nuestro desarrollo y evolución. Se forman identidades inseguras, incapaces de luchar, con baja auto-estima, poco creyentes en un mejor futuro y apáticas a la vida. Y todo ésto nos desvía del camino ofrecido y marcado por el hermoso Universo como nuestro destino.

Veamos una linda comparación, que nos ayude a entender mejor. Imaginemos que nos encontramos parados al frente de una *carretera* amplia, bien pavimentada y larga en su recorrido. Tan extensa que se pierde en el horizonte y es imposible ver el punto donde termina. A nuestro lado hay una caja de madera en el piso, y al abrirla encontramos dos cosas: una *carta* y un artefacto parecido a un pequeño *radio portátil*.

Al abrir la carta, ésta se lee:

" Hola:

Bienvenido al maravilloso mundo de tu existencia. Soy el que doy comienzo a toda la creación, aunque al mismo tiempo, soy la recta final de todos los seres evolutivos del tiempo y el espacio. Soy la perfección, la plenitud y la eternidad.

Como podrás observar, en frente tuyo hay un lindo camino construido "exclusivamente" para ti; que se despliega directo hacia mi morada. Si decides recorrerlo, debo advertirte que el trayecto es bastante extenso, pero lleno de elementos enriquecedores y gratificantes. Así puedes empezar tu aventura, con la certeza que, después de haberte deleitado con el viaje, estarás a las puertas de compartir conmigo la esencia divina de toda la creación.

Observa, muy bien, lo que hay a las orillas de la llana avenida. A lado y lado, en el terreno adyacente, se despliegan dos grandes selvas, espesas y difíciles de penetrar; que acompañan la vía central hasta el final de su recorrido y serán parte del paisaje durante tu travesía.

Mientras mantengas tu paso sobre la ruta trazada, vas a experimentar una diversidad incesante de oportunidades para construir tu personalidad e ir desarrollando, cada vez más, características de perfección. Tendrás momentos propicios para exaltar todas tus aptitudes y habilidades. Lograrás una vida llena de propósito y realización. Los sueños serán asequibles; los triunfos fáciles de conseguir. Te encontrarás con seres también deseosos de recorrer este camino, llenos de alegría y entusiasmo; además, de un ambiente general de luz, belleza, armonía y resplandor. Y cuando mires hacia adelante, y falte mucha distancia por recorrer, sabrás que si continúas el paso con confianza, algún día llegarás a tu recta final.

¡Tu recorrido se dará ágil, tranquilo y confortable!

Desafortunadamente, si por decisión propia o por circunstancias ajenas a ti, te ves arrastrada(o) a caminar hacia alguna de las orillas y adentrarte en el confuso ambiente de la jungla; el panorama será muy distinto. Te enfrentarás a un medio oscuro, malsano, enmarañado y difícil de transitar, donde no hay senderos marcados ni horizonte. Constantemente tendrás que tumbar la maleza y los matorrales para progresar, pero nunca habrá un despeje suficiente que te permita aligerar el paso, pues, siempre será lo mismo. Los sueños serán inasequibles; los triunfos casi imposibles de conseguir. Además, encontrarás alrededor individuos igualmente cansados, afligidos, perdidos y faltos de esperanza; ya que ninguno logra tener certeza de cuál es la dirección correcta para salir de este terreno que los asfixia.

¡Tu recorrido se dará lento, doloroso y agotador!

Ahora, quiero que observes el otro elemento que se encuentra en la caja. Es una increíble herramienta de naturaleza espiritual divina, y el regalo más preciado que puedo darte. Este dispositivo, con una de las más altas tecnologías del Universo, tiene la capacidad de recibir y transmitir vibraciones; como un pequeño aparato de radio-comunicación. Con él, yo, podré oír todo lo que tú tengas para decirme... y, tú, podrás escuchar todo lo que yo tenga para responderte.

Si anhelas una guía eficiente o necesitas una voz de apoyo y consuelo; recuerda que, durante todo el viaje, tus inquietudes y preguntas serán atendidas. Pero existe una sola condición: mantener el "radiecito" encendido y sintonizado. De lo contrario, en el momento que tu mente pierda contacto con este eficiente "monitor interno", dejarás de captar mi mensaje y quedarás sola(o) en tu travesía.

No importa si alguien te empuja o un fuerte vendaval te tumba, o si es tu propio deseo de aventura lo que arrastra a salirte de tu curso. Ten presente que mientras el pequeño transistor esté funcionando, siempre tendrás la brújula y la claridad total para retomar el hermoso camino que preparé especialmente para ti.

Yo soy tu destino. Tú eres el piloto. El Monitor Divino, tu copiloto. La larga avenida, tu ruta. Y las selvas circundantes, tu opción.

¡Tú decides!".

El desintonizarnos de la Energía Espiritual nos crea la sensación de que somos un elemento suelto del universo, vagando sin control. Cuando dejamos de comunicarnos con la suprema voz interna, el corazón entristece... el alma se apaga... la energía se va desprendiendo de su esencia... y nuestro espíritu va dejando de ser espíritu.

¿Cómo podemos estimular nuestra Energía Espiritual y mantenerla en su Punto Óptimo de Frecuencia?

Experimentar la corriente espiritual de un modo verdadero y efectivo es algo que se ha ido deformando con el tiempo, pues nos hemos visto envueltos en culturas que poco promueven el desarrollo del auto-conocimiento.

La mayoría de religiones siguen manejando costumbres y filosofías retrógradas que van en contra de lo natural; con cantidades de conceptos limitados, anticuados y confusos que entorpecen el fluir de las ideas progresistas. Razón por la que muchos jóvenes, de las nuevas generaciones, se han alejado de los hábitos adecuados para ponerse en contacto con su parte espiritual. ¡No me mal interpreten! Reconozco que la "religión" es parte fundamental de las sociedades y puede ser uno de los *varios* caminos que ayudan a despertar la espiritualidad; pero ésta, necesariamente, debe ser muy bien estructurada y manejada, pues de lo contrario, puede convertirse en una gran barrera entre nuestra mente y Dios.

Y ya sea que decidamos pertenecer, o no, a una comunidad religiosa, ¡¡sí!! tenemos que buscar ambientes y actividades que permitan recuperar la capacidad original de conectarnos con la más alta fuente de estímulo; recibiendo directamente la ayuda divina que dirija nuestra vida.

Veamos algunos aspectos indispensables para sintonizar nuestra Energía Espiritual:

a) ENERGÍA FÍSICA y MENTAL en EQUILIBRIO: El primer requisito para entrar fácilmente en sintonía con la corriente espiritual, es mantener el cuerpo y la mente en excelentes condiciones.

Ya se sabe que si nuestro fluir mental se encuentra demasiado desfasado en sintonización, podrá arrastrar a la Energía Espiritual a vibrar en su propio Espacio Frecuencial Decreciente. Por esto, quiero recalcar la importancia de trabajar el cuerpo y la mente frecuentemente (tema de los capítulos anteriores) para tener la capacidad intelectual "total" de procesar la información, nueva y elevada, que se nos brinde.

b) AUTO-COMUNICACIÓN: Se piensa que ponerse en contacto con el "farolíto" iluminador de nuestro interior, es solo para seres muy especiales y elegidos. Más nos olvidamos que éste es un obsequio celestial para todos los hijos evolutivos; o, por lo menos, para aquellos que deseen, de todo corazón, aprovecharlo.

La costumbre de hablar con nosotros mismos viene como instrumento innato desde muy temprana edad. El instinto natural nos incita continuamente a entablar una interacción interna; y por ésto, muchas veces, mentalmente o en voz baja, procesamos todo lo sucedido en la vida cotidiana. Ejemplo: "Hoy quisiera organizar mi tiempo de un modo conveniente para alcanzar a hacer todas las cosas que deseo", "¿Se enojará mi amiga si le digo la verdad?", "La vecina luce angustiada, voy a ver si la puedo ayudar en algo".

El *monólogo* íntimo se da tan ordinaria, sencilla y mecánicamente, que no le prestamos la suficiente atención ni le sacamos todos sus beneficios.

La mayoría del tiempo tenemos gente al lado con quién compartir y analizar cualquier tema, y siempre habrá algo para aprender y algo para enseñar. Pero el *charlar* con nuestro "yo" es lo que realmente nos brinda la posibilidad de sostener pensamientos sin presiones de los demás; expresar la visión propia de la vida, sin temor a ser juzgados; y producir las vibraciones adecuadas que capten aquellas frecuencias universales, exclusivas para nosotros.

Razonar con nuestro propio ser, no sólo nos ayuda a mantener un flujo de energía mental constante y a conceptualizar, de una manera individual, todo lo que experimentamos; sino que es el paso inicial para, en cualquier instante, entrar en contacto con el Ajustador de Pensamiento. Este proceso casi siempre se da inconscientemente y parecerá que estamos hablando con nosotros mismos; pero, si creamos condiciones especiales, algún día reconoceremos que el *monólogo* se convierte en *diálogo*, distinguiendo cuándo es nuestra mente la que "habla" y cuándo el Ajustador Divino.

Ahora bien, el mejor método para desarrollar una *auto-comunicación* eficiente es a través de un hábito que muchas personas han ido perdiendo en la, acelerada y bulliciosa, marcha de las sociedades presentes: *el recogimiento*.

El tener un momento de paz y silencio, donde logremos relajarnos y concentrarnos plenamente en nuestra existencia, es la *verdadera clave* para analizar quiénes somos; qué pensamos o sentimos acerca de todo lo que nos rodea; y cuáles son las metas que queremos lograr. Además, de hacernos conscientes de los cambios generados durante nuestro proceso de desarrollo.

Todo lo anterior suena un poco complicado, pero, realmente, no es tan difícil ni requiere mucho esfuerzo cuando lo practicamos honestamente. Busquemos ambientes cómodos, aireados y tranquilos que faciliten una plática "informal y privada".

La auto-comunicación –en un estado de ensimismamiento- nos lleva a ser perceptivos de nuestros pensamientos. El identificar nuestros pensamientos abre el camino para el descubrimiento personal. Este descubrimiento personal genera la chispa vibratoria que enciende el transistor interno, con el cual se entabla la emocionante tertulia… tertulia que nos ayuda a seguir la vida con excelentes condiciones.

c) ORACIÓN: A través de la historia, el contacto con "la fuerza creadora" se ha buscado, de una forma especial, en cada una de las culturas mundiales. Por medio de alabanzas, plegarias, danzas, cantos y/o ritos el ser humano trata de construir puentes y de sentirse conectado con el resto del cosmos.

Lastimosamente, la oración también ha ido perdiendo su estructura original y, por consiguiente, su efectividad. Pues, generalmente, está cargada de palabras e ideas preestablecidas y poco claras, que pueden entorpecer la relación verdadera, libre y eficaz con la energía espiritual.

Para que la acción de *rezar* sea fructífera, debe tener condiciones muy particulares: primero, que la persona crea en una energía superior y dadora de vida, con la cual desea fervientemente entablar un vínculo directo. Segundo, no se pueden repetir mecánicamente textos memorizados, sin un sentido lógico; sino, más bien, interiorizar y visualizar racionalmente el significado de lo que se dice. Y tercero, la oración debe incluir un espacio coloquial interno –así sea dirigida hacia una entidad externa como El Creador, El Universo, La Madre Naturaleza, los santos, la luna o el sol– que permita analizar la vida y la mejor manera de vivirla. En donde haya preguntas y respuestas, donde se den juicios claros y constructivos, donde se abra una comunicación tranquila y sin imposiciones. ¡Como estar conversando con nuestro mejor amigo!

Quiero incluir, que el orar en *grupo* puede generar la condición inicial y práctica para, más adelante, lograr recogernos individualmente; teniendo en cuenta que todos los participantes deben manejar ideales y propósitos comunes.

Solo imaginemos una reunión donde, con las manos entrelazadas unos con otros, se alza una plegaria y se juntan energías. Más el fondo de una música especial y emotiva, como acompañamiento para las vibraciones sonoras de nuestras "hermosas" voces.

Un efecto que conecta el espíritu de una manera alegre, animada, sencilla y, sobre todo, natural.

d) COMPORTAMIENTO ALTRUISTA: El deseo de dar *amor* y la actitud de hacer el bien son unos de los elementos que más nos une con la gran corriente espiritual.

El "Servicio" es otro de los requisitos, inevitables, para la evolución de la especie humana. Tarde o temprano, en la vida, nos veremos enfrentados a situaciones que requieran una colaboración productiva, honesta y desinteresada. En donde tengamos que dejar a un lado nuestros intereses propios y ayudar a otros para que estén mejor.

La emoción percibida cuando vemos los resultados de las acciones caritativas, aumenta la vibración del espíritu; elevando *el ser* a niveles de regocijo, satisfacción y plenitud. Además, el reconocimiento de que formamos un gran sistema social, donde todas las piezas trabajan juntas para poner la maquinaria en marcha, activa nuestra esencia de colaboración y bondad. Eso sí, tengamos en cuenta, que la primera obra benéfica la debemos hacer hacia nuestra propia persona, para luego lograr expandirla. El amarnos, respetarnos y valorarnos sinceramente nos enseña a amar, respetar y valorar a los demás en una condición muchísimo más eficiente.

Ahora bien, hay que tener cuidado de no ir a confundir la *bondad* con la *"docilidad"*, la cual se da frecuentemente por miedo, necesidad de aprobación y falta de seguridad. Complacer a alguien con algo que va en contra de nuestros principios o sentimientos, simplemente por evitar ser rechazados, crea un malestar general y mata el sentido auténtico de la acción altruista. ¡La *sumisión* no eleva el alma; más bien, la destruye!

Procurar el bien nos enseña el gran sentido y propósito inacabable de la existencia. Nos hace vivir emociones sublimes y demuestra si nuestra personalidad va evolucionando hacia la divinidad o, por el contrario, se ha ido alejando de ella.

e) ACTIVIDADES ESTIMULANTES: Cuando, por diferentes motivos, nos vemos arrastrados a enfrentar aspectos que nos sacan de sintonía; debemos esforzarnos por buscar condiciones con las que vibre nuestra energía y, de alguna forma, nos *re-sintonicen.*

Algo que ponga a palpitar el corazón y nos brinde alegría, risa, júbilo y gozo… que permita libertad de expresión y desenvolvimiento… que lleve a sentirnos como en las nubes, así sea por un rato. Bailar y cantar en un concierto del grupo musical preferido o en una fiesta con las personas queridas. Visitar sitios nuevos y excitantes, que nos enseñen diferentes culturas y costumbres. Participar de festivales o dinámicas recreativas alegres. Disfrutar de eventos deportivos, donde se permita gritar y saltar con el marcador. Y si se quiere ir más allá de la emoción; tirarse en paracaídas o unirse a una expedición para navegar las aguas de un turbulento río. Eso sí, nunca subestimemos algo tan simple como dejarnos llevar por los juegos, activos y peculiares, de las criaturas más alegres y extrovertidas que existen: los niños.
Disfrutemos la vida abiertamente y expresemos nuestra individualidad con respeto. Estimulémonos y sintamos que nuestra materia vibra, análogamente, con la fuerza del universo.

Para concluir, recordemos: La Energía Espiritual es la que realmente da inicio al Alma. Ese conjunto de un cuerpo físico que nos contiene, una mente que interpreta y analiza, y un espíritu que nos brinda la posibilidad de experimentar la vida conscientemente.

Debemos hacer todo lo que esté en nuestras manos para que el "humito azul" pueda fluir sin restricciones, y, al mismo tiempo, sin excesos. Conservando siempre el equilibrio y su posición original en el Punto Óptimo.

"Es decisión individual el seguir, o no, nuestro camino ayudados por la Energía Espiritual; y podemos estar seguros, que contamos con el "altísimo" respeto del universo y de Dios por cualquiera que sea nuestra elección. Pero, el dejarnos llevar por esta corriente suprema nos asegurará una existencia de bienestar, crecimiento y evolución eterna; además de cerrar el circuito energético que le brinda a nuestro ser *totalidad, integridad y plenitud.*"

Recuerdos de Mi Experiencia...

Necesitaría muchísimas páginas para detallar todos los cambios que se dieron cuando comencé a trabajar la Energía Espiritual. Pues sintonizarla *adecuadamente,* fue una de las últimas piezas del rompecabezas que lograría equilibrar todos los componentes de mi ser e integrarlo en uno solo.

Sin ninguna duda, cantidades de veces, yo fui consciente de la presencia de esa espectacular corriente divina que me llenaba de dicha y paz. Sin embargo, al tener tan desequilibrados el cuerpo y la mente, fácilmente me desconectaba y caía en confusión. Y aunque ya tenía la costumbre de hacer la "Radio-Meditación", casi todos los días, para concentrar mi Energía Mental, y, tres o cuatro veces por semana, practicaba la rutina de ejercicios o hacía alguna actividad motora que estimulara el cuerpo; ahora faltaba incluir algo, también práctico, para generar un buen flujo espiritual.

Debía retomar la costumbre de dialogar internamente, como lo hacía de niña; pero en una forma más eficiente y, definitivamente, menos obsesiva. ¿Y qué mejor manera de hacerlo que *transformar* la "Radio-Meditación" básica -lista de palabras positivas- en una oración más personal e íntima?

Evocando años pasados, cuando la vida me dio la oportunidad de escribir ¿Quién quería ser? y ¿Qué quería vivir? en ese entonces, organice un texto con ideas coherentes, lógicas y claras. Una reflexión que permitiera transmitirle a Dios y al resto del universo quién era la "nueva" Patricia y cuáles eran las frecuencias o "emisoras" que, de todo corazón, quería escuchar.

El secreto estaba en vibrar con los deseos positivos y *no* con los recuerdos negativos. Sin tratar de buscar soluciones a los problemas o poner límites para que se produjeran los cambios. Solo teniendo *fe* que, al crear las *intensiones* correctas, las fuerzas cósmicas jugarían su parte y generarían resultados determinantes. Y así fue como, con la esperanza de abrir las ventanas por donde entrara el "viento" capaz de mover mis energías; en un estado de recogimiento y reposo, repetía diariamente la siguiente meditación:

"Soy energía pura vibrando con la esencia central creadora. Empiezo en ella; acabo en ella. Formo parte del gran cosmos que envía la luz de "Dios" todopoderoso, para iluminar mi cuerpo... mi mente... mi espíritu y... mi corazón.

¡Mi cuerpo se ilumina para vivir con bienestar! Todos los rincones del organismo físico trabajan rítmica y coordinadamente; brindándome salud, comodidad, libertad de movimiento. Me siento llena de energía y vitalidad. Hay belleza, equilibrio y excelencia.

¡Mi mente se ilumina para tener claridad de la existencia! Tengo entendimiento de quién soy, de dónde vengo y hacia dónde voy. Un intelecto capaz de escuchar la voz interna que guía mis pasos. Sabiduría en lo que pienso, en lo que hablo y en

como actúo. Seguridad en mis decisiones y certeza del camino adecuado para llevar una vida de auto-conocimiento y realización. Creatividad para lograr eficiencia en mi hogar, trabajo y desempeño social. Hay lucidez y verdad.

¡Mi espíritu se ilumina para vivir en plena conciencia! Siento el vigor del universo que me da coraje para enfrentar cualquier obstáculo con valentía, calma, tranquilidad y acierto. Mantengo confianza de que todo en mi vida se irá dando de un modo adecuado. Convicción de que soy la dueña, creadora y artesana de mi destino; del presente, del futuro. Hay solidez y entereza.

¡Mi corazón se ilumina para experimentar el verdadero placer de vivir! Brindo y recibo amor, permanentemente. La alegría, risa y humor forman parte de mis hábitos. Soy bondad, cordialidad y sinceridad con los demás. Perdono a aquellos que me hayan herido en algún momento. Y me libero de las situaciones que puedan estar bloqueando mi conexión con las energías primarias. Hay tranquilidad y paz.

Doy gracias a Dios y todas las fuerzas universales acopladas para brindarme crecimiento, evolución, prosperidad y abundancia. Permitiéndome fluir en el hermoso río de la corriente divina."

Para terminar, conversaba un rato conmigo misma; haciendo un recuento de lo que había realizado durante el día y visualizando lo que esperaba, específicamente, para el día siguiente. Luego, dejaba la mente en blanco por unos minutos.

¡Y así, lista para tener dulces sueños, me retiraba a mi aposento !

Nunca pensé que una meditación tan sencilla y corta, hecha conscientemente, fuera una herramienta tan eficaz.

Me llegaron muchísimos conceptos nuevos y convenientes. Mi seguridad e independencia fueron mejorando. La ruta de mi destino empezó a vislumbrarse y a incitarme que la recorriera. Las ganas de contar mi historia, de compartir con la gente linda que siempre me acompañó, de ayudar a otros y devolverle a Dios el regalo tan grande que me había obsequiado, fueron cogiendo una fuerza inesperada y aligeraron la transformación.

Por primera vez me percibía *completa*. Con bienestar físico; con una mente tranquila, descongestionada y optimista; con un espíritu altivo y valiente capaz de cambiar situaciones que nunca me gustaron. Y, lo mejor de todo, con un ambiente propicio para continuar evolucionando.

Había olvidado lo que era la actitud de *desear* y *ejecutar;* pero, ahora, tenía la oportunidad de reivindicarme. Comencé a crear programas de danza creativa y a trabajar especialmente con niños. Me animé a dar charlas a la gente conocida, para contar mi testimonio. Y luego, me monté en la gran aventura de escribir este libro.

Lo más impactante, era la capacidad que adquirí de llevar las cosas con calma. De vivir, minuto a minuto, con la emoción y la intensidad requerida. Conservar la actitud correcta para disfrutar el viaje, sin desesperarme por arribar inmediatamente a la meta. Disfrutar no solo con la victoria, sino también con el proceso de obtenerla.

¡Debo confesar que me advertía muy extraña! Levantarme en la mañana y no tener angustia. Con mil planes para realizar. Enfrentando los inconvenientes, que se atravesaban diariamente, con buena actitud e ideas para resolverlos. Y sentir regocijo y agradecimiento de existir.

No podía creer, que la niña tímida e inexpresiva de antes, hoy estuviera parada al frente de grupos de gente, hablando y dándoles ánimo para vivir y lograr sus propios sueños. Para que nunca se les olvidara lo importante que somos como seres y las capacidades innatas que poseemos para salir adelante; para entender que la Depresión no es una enfermedad de la que somos víctimas, sino una condición que podemos desterrar natural y efectivamente; para convencerlos, que la poderosa energía del "Altísimo" fluye constantemente mientras la sintonicemos.

Años atrás cuantiosas fueron las ocasiones que, en mi confusa realidad, quise cambiar de ambiente, de vida; *poder irme de este planeta*. Afortunadamente, hoy entendía, que el contacto con la Energía Espiritual aseguraba el sostenerme en el sendero correcto. Y más adelante, partiría de este mundo, con la satisfacción de haber puesto en uso el repertorio completo de lo que mi naturaleza interna me ofrece. Y si lograra muchos o pocos resultados, lo que realmente valía era el compromiso y la firmeza de ser mejor; de sentir cada vez más cerca la esencia perfecta del "Creador"; y de acabar, algún día, la emocionante travesía...

Sin importar cuánto me demorara...

XIII
Combatiendo la Depresión

La base para erradicar todos los síntomas de la Depresión se da, no solamente cuando cada una de las corrientes esenciales -física, mental o espiritual- recupera su frecuencia original en el Punto Óptimo, sino cuando el flujo de las tres se produce al mismo tiempo o en línea.

Usemos como ejemplo un aparato radial estereofónico que tenga un "ecualizador"; formado éste por un tablero con tres hileras, horizontales y paralelas entre ellas, que controlan los diferentes componentes de una melodía. Digamos que el primer canal reproduce los instrumentos de sonidos graves; la segunda hilera, amplifica los instrumentos de sonidos medios; y la tercera, los agudos.

Cada canaleta posee en su interior un pequeño botón que puede ser movido, de lado a lado, dependiendo de la exaltación en que queramos escuchar la transmisión. Hacia la izquierda del *punto medio* los tonos se perciben cada vez más débiles; hacia la derecha, se escuchan progresivamente más fuertes.

Supuestamente el ecualizador es utilizado para ajustar las frecuencias de reproducción de un sonido, con el fin de igualarlo a su emisión original. Mejor dicho, para manipular los diferentes tonos de la música que estemos escuchando y situarlos en una posición armónica.

Podemos jugar con los tres botoncitos, moviéndolos *disparejamente*, y obtendremos ilimitadas combinaciones sonoras de la misma pieza musical. Conforme a la configuración *desalineada* en que coloquemos el tablero, dejaremos de escuchar algunos de los instrumentos o las voces de los cantantes. O quizás, algunos de los sonidos se acentuarán tanto, que opacarán al resto y parecerán sonando solos. (Ver gráfico No. 9)

Gráfico No. 9

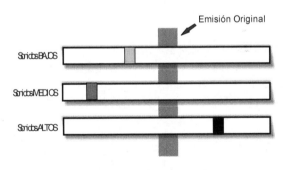

DESALINEACIÓN, DESINCRONIZACIÓN, DESBALANCE

Pero si ubicamos las tres perillas exactamente una debajo de la otra, formando una *línea recta* en la mitad del ecualizador; no sólo cada porción de la música estará en la mejor posición para manifestarse, sino que estando *alineadas,* la tonada sonará completa, equilibrada y placentera. Todos los instrumentos y voces se percibirán en una potencia adecuada, de una manera clara y agradable a los oídos. (Ver gráfico No. 10)

Gráfico No. 10

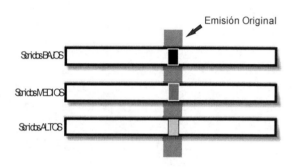

ALINEACIÓN, SINCRONIZACIÓN, BALANCE

Ahora bien, al ser nosotros un aparato radial que amplifica las vibraciones transmitidas por las corrientes universales, también poseemos un *ecualizador natural,* que le permite a cada una de las energías primarias moverse independientemente en su canal o en su propio Espacio Frecuencial. Y referente al lugar de intensidad vibratoria en que coloquemos cada uno de estos componentes, de la gran *melodía tricolor,* se crearán las diversas condiciones de "personalidad" o "carácter" que puede manifestar la persona.

Cuando las tres frecuencias se encuentran en *alineación* o *sincronización* aseguramos un caudal vivaz, coordinado y fluido de toda la materia prima esencial para vivir. A diferencia, el sacar una, o dos, o quizás las tres corrientes de su punto medio -hacia el Espacio Decreciente o Creciente-, genera una *desalineación o desincronización* que afecta nuestra condición de un modo particular. (Ver gráfico No. 11)

Gráfico No. 11

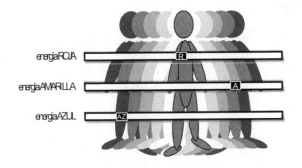

energíaROJA

energíaAMARILLA

energíaAZUL

Si se nos vuelve costumbre alterar indiscriminadamente -mover de un lado al otro- los niveles de vibración de cada una de las corrientes, se llega a desplegar personalidades inconstantes. De situaciones positivas se pasa rápidamente a otras negativas; de niveles depresivos se sube a estados de Estrés, o de la euforia a la tristeza. ¡Un día bien, otro mal, y al siguiente regular!

Y aunque no se puede negar que la naturaleza del ser humano es variable, cambiante y movible; nunca se debe caer en la condición de *inestable*. Pues, el tener un mal rato y sentirse triste por un acontecimiento que marca las emociones, es muy distinto de ser *esclavo* de los incesantes cambios en el estado de ánimo.

Otro caso, es cuando se equilibran solamente algunas de las energías, y las otras son forzadas a permanecer fuera de sintonía. Generando individuos que son exitosos en algunos aspectos de la vida, y en los otros, son desacertados.

Por ejemplo aquellos que conservan su cuerpo activo y saludable, y, sin embargo, son infelices en el campo afectivo. O los que estimulan mucho su mente, sobresaliendo en sus trabajos; más su cuerpo se encuentra pesado, doliente y en su espíritu hay un gran vacío. O quizás los que presentan una identidad espiritual bondadosa; no obstante, se les dificulta desempeñarse óptimamente en los medios laborales y sociales.

Pero lo más crítico es cuando se arrastran las tres corrientes a vibrar *al mismo tiempo* y *constantemente* en cualquiera de los espacios frecuenciales; creando circunstancias de Depresión o Estrés severas y crónicas. Donde ninguna de las facetas de la vida funciona, y el permanente desequilibrio puede llevar a los límites de la desesperación, el derrumbamiento y muchas veces la auto destrucción.

Desplazamiento del Punto de Equilibrio

La Depresión se convierte en algo común y repetitivo, cuando la desalineación de las tres energías primarias *persiste* en algún nivel del Espacio Decreciente y el eje de equilibrio se desplaza hacia peldaños más bajos de su posición original.

El salirse del Punto Óptimo de vibración, por un momento determinado, no es problema; pues, natural e instintivamente, nuestra energía tratará de restablecerse y volver a su lugar inicial de equilibrio. Como un péndulo, que se desplaza de lado a lado, al ser empujado; pero infaliblemente busca regresar al centro de su eje.

Quiero que tomen nota de este espectacular hecho: Las energías física, mental y espiritual fueron grandiosamente diseñadas para auto-regularse y buscar siempre volver al estado armónico, cuando algún estímulo las saca temporalmente de su equilibrio.

Por desdicha, la mayor parte del tiempo, los malos hábitos vivenciales que poseemos, y circunstancias externas inadecuadas, obligan nuestras frecuencias a vibrar fuera de sintonización. Creando una zona de equilibrio *falsa,* donde la energía busca retornar y se ve *obligada* a volver, no al Punto Óptimo, sino a algún nivel vibratorio bajo que se convierte en su "hogar temporal" de reposo. (Ver gráfico No. 12)

Gráfico No. 12

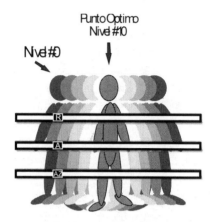

ZONA de EQUILIBRIO FALSO

Para un mayor entendimiento digamos que si mi disposición habitual es de alegría –nivel número 10– y una fuerte discusión con mi hijo me tumba a peldaños menores -como el número 5 o número 4- que generarán sensaciones incómodas y negativas; puedo estar tranquila que la *inercia*, tarde o temprano, me hará recuperar la emoción inicial de felicidad. Mis vibraciones subirán nuevamente a la frecuencia esencial del Punto Medio... al equilibrio verdadero... al nivel número 10.

No será igual si mi estado energético *común* es del número 4. Pues, la misma pelea con mi hijo, me tumbará a peldaños mucho más bajos –como el número 1 o número 0– donde las sensaciones negativas se manifiestan en una intensidad difícil de sobrellevar. Y luego, aunque trate de calmarme, mi tristeza no pasará a la alegría que ofrece el nivel número 10, sino que retomará la condición del número 4 donde mis vibraciones hacen su *forzoso* retorno.

O, tal vez, me he acostumbrado a tener mis oscilaciones energéticas en el nivel número 3 -el cual genera una condición de dolencias físicas, irritabilidad, pena, angustia y pocas ganas de hacer actividades-, y tengo un estímulo pasajero y positivo, como la visita de mi amiga que tanto quiero. Entonces, las vibraciones subirán varios puntos -digamos que hasta el número 8- y momentáneamente mi cuerpo se sentirá con más vigor, la tristeza se disipará un poco, casi pudiera decir que experimento júbilo.

¿Pero, qué pasa cuando mi amiga se marcha? El impulso positivo se acaba. Mis energías buscarán, de nuevo, el nivel en que están acostumbradas a vibrar; en éste caso el número 3 que me lleva a experimentar, otra vez, las desagradables propiedades características de una posición tan baja. Y no el "natural" número 10, que me llenaría de regocijo. ¡La alegría deja de ser una manifestación permanente para convertirse en algo esporádico!

Debido a lo anterior, es común que para una persona depresiva los problemas pequeños se sientan más grandes y devastadores de lo que realmente son. También explica el porqué en las mañanas, al abrir los ojos, nos seguimos sintiendo mal sin razón aparente. Puesto que, durante la noche, el cuerpo baja toda la frecuencia, y al despertar, la vibración no regresa a una posición de nivel alto, sino que sigue *atascada* en algún puesto del Espacio Decreciente.

Cuando el punto de equilibrio está desplazado, no importa que cosas buenas nos alienten, pues tarde o temprano, nuestros cuerpos, pensamientos y emociones volverán a las frecuencias donde son obligadas a estar fuera de sintonía. Por ello hay que buscar el modo de *reprogramarnos* o acostumbrarnos a estar conectados con la "emisora" original.

Reprogramación

En el momento que queremos escuchar una emisora diferente en la radio, movemos el sintonizador hacia otra frecuencia radial que nos llame la atención. Incluso, ubicamos el ecualizador y el volumen en la posición exacta donde el sonido fluya nítido y armónico. Mejor dicho, programamos el aparato de una forma distinta para que, siempre que lo encendamos, logremos deleitarnos con la estación favorita.

Reprogramar nuestro ser quiere decir, no sólo recuperar las frecuencias originales de cada una de las tres corrientes esenciales, sino *acostumbrarlas*, nuevamente, a mantenerse alineadas en el Punto Óptimo o zona de sintonización. Eso sí, para que la "reprogramación" sea efectiva, se deben tener en cuenta varios aspectos:

1- Escoger actividades apropiadas (nombradas algunas en los capítulos anteriores) que estimulen nuestro cuerpo, nuestra mente y nuestro espíritu individualmente. Sin olvidar que nos deben dar placer.

2- Las ocupaciones seleccionadas se deben repetir periódicamente, para poder adquirir una costumbre estable. Lo ideal es hacerlas todos los días, en un período de tiempo entre diez y quince minutos. No obstante, si se dificulta hacerlas a diario, hay que tratar como mínimo tres o cuatro veces por semana, en lapsos de veinticinco minutos a una hora.

3- El estímulo producido para cada corriente, no debe ser ni muy poco ni muy excesivo; más bien, sostenernos en un término medio, que nos asegure frecuencias análogas a los circuitos universales. El termómetro que indica si estamos en el grado adecuado, es la sensación *positiva* experimentada en el momento de estar trabajando cada río energético y la satisfacción que mantengamos el resto del día. Pues cualquier sentimiento negativo, demostrará que nos hemos salido del límite correcto.

4- Estar abiertos a los cambios que se comiencen a dar en nuestra personalidad; atentos para la transformación de las personas alrededor; y listos para aprovechar los nuevos caminos y oportunidades brindados por el universo.

No importa si decidimos bailar, nadar, hacer algún deporte o tener una amena caminata por el parque. Lo fundamental es despertar cada rincón de nuestro organismo a través del movimiento y una respiración apropiada. Complementado con baños de sol, moderados; una alimentación equilibrada y lo más saludable posible; además, buscar ambientes naturales, aireados y limpios.

Realizar sesiones de meditación, que nos concedan la facultad de reemplazar los pensamientos negativos por positivos y nos convierta en hábito el conceptualizar la vida de una manera entusiasta y optimista. Si se desea, reforzar con disciplinas lógicas o matemáticas.

Y como toque final para el espíritu, tener momentos de recogimiento y silencio, donde logremos orar o entablar una conversación amena con nuestra voz interior. Soportado con cualquier dinámica que nos invada de placer y libertad de expresión.

Adoptar las rutinas correctas, que reproduzcan las frecuencias del espectro positivo completo de la existencia, derrumbará las costumbres erróneas que fuerzan las energías propias a vibrar en frecuencias bajas y nos asegurará el fluir correcto de las sensaciones, pensamientos, emociones y condiciones perfectas para nuestro desarrollo.

"Sintonizarnos y Reprogramarnos son los verdaderos caminos para vencer la Depresión… los único caminos capaces de combatir esa condición que inhabilita nuestra existencia."

Conclusión de Mi experiencia...

Hoy miro hacia atrás y parece que todo fuera un sueño angustioso del que por fortuna desperté. La Depresión surge como una condición que jamás hubiera formado parte de mí. Y el manto de miedo y zozobra, que antes me acobijaban, fueron canjeados por una energía de bienestar, equilibrio, plenitud, seguridad.

Qué iba yo a imaginar que tres aspectos tan elementales como el *movimiento, la Radio-Meditación y el recogimiento* sean hoy la base que soporta el andamio de mi existir; permitiendo mantener la alineación de mi barca con el río energético que fue dispuesto como mi destino, hace ya tanto tiempo.

Afortunadamente pude entender que, aunque mi vida se ha transformado de una manera milagrosa, nunca acabará de cambiar. Pues me convencí que los inconvenientes y dificultades van a seguir produciéndose; que muchas veces me tropezaré con gente sumida en la amargura, incapaz de brindar elementos positivos; que la sociedad continuará produciendo situaciones absurdas, violentas y destructivas; y las espesas junglas, que bordean mi camino, permanecerán allí por siempre. Más me tranquiliza saber que el poder para contrarrestar todo ésto se encuentra en mis manos. Y cada vez que, por alguna razón de fuerza mayor, mis energías se salgan de su frecuencia, no habrá necesidad de buscar culpables ni sentirme víctima, sino más bien tomar *medidas prácticas* para mantenerme firme y continuar.

¡Parece inverosímil! La niña que alguna vez pensó que todo había acabado para ella y nunca lograría salir de una situación tan miserable, en este instante se encuentra demostrando lo contrario. Mostrando que, sí, se puede. Reafirmando que las transformaciones se dan acordemente con los deseos y la intensidad de las vibraciones mentales. Que producir un gran cambio interno en nuestra personalidad, es el primer paso para generar reformas beneficiosas en el entorno. Que la decisión de dejarse guiar por la voz interna divina asegura el mantenerse en el camino pavimentado y permite obtener los regalos del infinito. Y no importa qué situaciones duras o traumáticas nos empujen a vibrar en los espacios bajos de nuestra energía; si el corazón anhela, con verdadero sentimiento, volver a la esencia y al punto de partida, el universo será el promotor de un despertar y el cómplice de retomar el sendero celestial.

La Depresión es una condición formada por la incapacidad de conectarnos con la *fuente omnipotente*. Un grupo de síntomas que se juntan y adquieren fuerza negativa, cuando cerramos las ventanas naturales que nos comunican con los circuitos universales. Una posición fuera de sintonía y llena de interferencia. Sin embargo la creación es tan extraordinaria, que nos da la posibilidad de venir a este mundo cargados de elementos sencillos, prácticos, agradables y completamente naturales; los cuales podemos usar libremente para darle paso a la energía esencial que invade nuestro ser con su maravilloso vigor.

Somos el conjunto de un aparato físico que permite contener un individuo y experimentar el tiempo y el espacio; un sistema mental que procesa toda la información cósmica, ayudándonos a formar conceptos propios acerca de la existencia; y un corazón que nos hace palpar emociones excitantes, impulsándonos a seguir el recorrido hacia la fuerza central-creadora. Sin olvidar que la única responsabilidad, desde el día de nuestro nacimiento, es conservar el trío energético en las frecuencias exactas; vibrando de una forma lineal y sincronizada, para que el enlace con lo verdadero se sostenga y evitemos vivir con distorsiones, ilusiones, espejismos y falsedades.

Y si estas palabras suenan como las de una persona soñadora e idealista, yo diría que soy lo opuesto. Pues un engranaje de tal proporción como lo es el infinito, con seres y ambientes magníficamente diseñados para evolucionar y progresar, no fue creado para vivir en pena, amargura y dolor. Muy por el contrario, fue engendrado para recorrerlo, sentirlo y disfrutarlo con alegría, entusiasmo y placer.

¡Fueron muchos años de vida. Sí. Muchos años de experiencia! Una niñez mágica. Un despertar difícil. Un encuentro con energías y emociones inexplicables. Un mar de tristeza y una conciencia fuera de la realidad. Pero, también fueron tiempos de grandes cambios. De profundos deseos. De nuevas estrategias. De auto-conocimiento y auto-control. De iluminación y entendimiento. De disposición para brindar y recibir. Y, sobre todo, de un mundo de aventura.

Nunca dejaré de darle gracias a Dios por haberme dado la oportunidad de convertirme en una *"Ex– depresiva"*. Y entender que el universo jamás escasea, que no muere, que seguirá vibrando eternamente, que nunca nos abandona… aunque nosotros lo abandonamos a él.

¡Pero, en el momento de tener un firme deseo, podremos volver a sentir su fluir, energía y vibración!

Despedida

Si hoy quieres creer que todo tiene sentido. Que tu vida y la existencia del resto de los elementos que componen el universo poseen valor y un propósito particular.

Si, por fin, deseas salir de las corrientes traicioneras que te ahogan. Desplazarte a un terreno firme y seguro que te permita respirar libremente y te abra las puertas de un camino tranquilo, placentero, excitante.

Si anhelas que tu fuerza recupere el lugar que le corresponde; las ganas de logro vuelvan a nacer; la alegría y el humor regresen a cumplir con sus obligaciones; y la cinta cinematográfica de tu película existencial salga de la "pausa", para seguir rodando.

Si tu verdadero deseo es volver a ser feliz, acabas de dar el primer paso para lograr el gran cambio. Te felicito de todo corazón. Sigue adelante y nunca dudes, ni por un segundo, de que así como yo logré salir triunfante de la Depresión… tú también lo vas a lograr.

Buena Suerte y nunca olvides:

"Si la materia prima con que está hecho el universo es amor, equilibrio, sabiduría, abundancia, alegría y perfección, y tú eres una

parte del universo no más importante que un grano de arena pero no menos valioso que el propio creador; entonces, ¿Cómo dudar que tú seas amor, equilibrio, sabiduría, abundancia, alegría y perfección?"

Acerca de
Patricia Gaviria

*Autora, Conferencista & Maestra de Crecimiento Personal.

*Reconocida con el Premio Internacional del Libro Latino 2015 en los Estados Unidos.

*Amazon Best-Seller con sus libros en español, inglés y portugués.

*Con un nuevo y transformador mensaje, colabora al desarrollo físico, mental y espiritual del ser humano.

*Acreditada por experiencias de vida, es un testimonio de lucha y superación en el campo de la Depresión.

*Creadora del movimiento de crecimiento personal "Moviendo Energías" que ofrece charlas, talleres y consultas personales.

*Otras de sus obras en español:

-"Lo Último en Tecnología Divina: Los Ajustadores de Pensamiento".

-"Efecto Radio-Antena… Sintonizando Nuestras Energías Física, Mental y Espiritual".
-"Recuperando mi Cuerpo, mi Mente y mi Espíritu".

*Sus obras en Inglés:

-"Returning to Happiness... Overcoming Depression with Your Body, Mind, and Spirit".
-"Latest in Divine Technology: The Thought Adjusters".

*Su obra en Portugués:

-"Voltar a Ser Feliz... Vencendo a Depressão com o Corpo, a Mente e o Espírito".

Para más información

www.gaviriapatricia.blogspot.com
moviendoenergias@outlook.com
www.amazon.com / *Patricia Gaviria*

Tu Opinión es
Muy Importante

Si este libro fue de tu agrado, y ojalá un camino para crecer personalmente, te invitamos a compartir tu opinión... opinión supremamente valiosa, pues puede ayudar a muchísimas otras personas.

Escribe tu comentario constructivo para cualquiera de los libros de la autora, Patricia Gaviria, en la página de "Amazon":

WWW.AMAZON.COM
Patricia Gaviria / Nombre de la obra

¡Mil gracias por tu colaboración!

Moviendo Energías

57542630R00126

Made in the USA
Charleston, SC
16 June 2016